ネオ日本食

トミヤマユキコ

リトルモア

はじめに

この不思議なタイトルの本を手にとってくださってありがとうございます。「ネオ日本食」とは一体なんなのか。まずはそこから話をはじめましょう。これは、わたしの考えた造語で、海外から持ち込まれたはずなのに、日本で独自の進化を遂げ、わたしたちの食文化にすっかり溶け込んでいる食べ物&飲み物を指しています。

わたしがこの造語を思いついたのは、『パンケーキ・ノート おいしいパンケーキ案内100』(リトルモア、2013年)という本を出版して1年が経った頃でした。とにかくパンケーキが大好きで、一日三食パンケーキでも構わない、という熱狂の日々が一段落してようやく「ところで、わたしはなんでこんなにパンケーキが好きなんだろうか⁉」みたいなことを考えだしたのです(遅い)。

「そんなの味が好きだからに決まってるだろう!」と思っていましたが、よくよく考えてみると、味だけじゃなくて、海外で生まれ、わたしたちの食生活にしれっと溶け込んでいる、ガラパゴス的とも言うべき来歴もかなり好きだと気づきました。思えば、餃子とかカレーとかスパゲティ・ナポリタンとか、わたしの好物は、どれも海の向こうからやってきてこの土地に根付いた「ネオ日本食」ばかりです。これはわたしにとって、ちょっとした発見でした。そして、自分を取り巻く食の風景が、がらりと変わるきっかけでもありました。ぜんぜん意識してなかったけど、あれもこれもネオ日本食じゃないか！　この状況を当たり前の日常として受け入れているわたしたち、実はけっこう独特なのでは？　そんな驚きと興奮が脳内を駆け巡りました。

そうか、わたしが好きなのは、ネオ日本食なのか。そのことに気づいてからというもの、いままで以上にネオ日本食を食べ歩くようになりました。そして、ネオ日本食というコンセプトを広く流布させるべく、リトルモアのｎｏｔｅ（https://note.com/littlemore/）で、ネオ日本食をじゃんじゃん食べて片っ端からレポートする連載「ネオ日本食ノート」を始めました。それはとても充実した時間でした。ところが、書いても書いても「よし、ここらで書籍にまとめよう！」という気持ちにはなれませんでした。なんだかすべてのピースが揃っていない感じがしたのです。そんなとき、『パンケーキ・ノート』の編集担当であるKさんと「珈琲ワンモア」の話になりました。

わたしたちがワンモアを取材したとき、ご主人が、戦後のドサクサの中で物資不足に悩まされながら、それでもどうにかホットケーキを焼いていた、という苦労話をしてくれました。何かいま、すごく貴重な話を聞いているのではないか、と思いました。ご主人の人生を絡めながら語られるホットケーキの話は、とにかく聞き応えがありました。ただ、『パンケーキ・ノート』では、紙幅の関係もあり、割愛せざるを得ませんでした。

……あの話、おもしろかったよな。やっぱり、改めて取材をして、ちゃんと記録しておいたほうがいいんじゃないかな。そこでわたしたちは、どういう形で発表するかはさて置いて、「ネオ日本食」の取材ということにして、ご主人にまた話を聞きにいくことにしました。ひとまず話を聞いて、あとのことは、追い追い考えればいいじゃない。完全に見切り発車です。でも、わたしたちはすごくわくわくしていました。

飲食の仕事に就いたきっかけ、当時の東京の喫茶店文化について、結婚して自分たちの店を作ったこと、雇われ人だったときと比べて、ホットケーキの調理にどんな変化があったか。聞かせていただいた話はどれもおもしろく、ワンモアのホットケーキと、その背景にあるさまざまな事象が立体的に立ち上がってくるようでした。ホットケーキという「モノ」にだけ注目していたのでは味わえない、情報ごと食すような快感がありました。わたしは「ひと」にもちゃんと注目したい。そう思いました。足りなかったピースは「ひと」だったのです。

というわけで本書は、ネオ日本食を作った「ひと」を大事にしています。いわゆる「元祖の店」かどうかといったことは、あまり気にしていません。老舗が登場することもありますが、それでもやっぱり、フォーカスしたいのは「ひと」なのです。歴史も格式もひとまず脇に置いて、とにかくネオらせ上手な料理人に会って話を聞こう。そんな思いでプロジェクトを進めてきました。そして、ありがたいことに、みなさん本当におもしろい話を聞かせてくださいました。また、ネオ日本食の多くは、戦後のドサクサ期にネオっているため、インタビューには戦争の話もしばしば登場します。その意味で本書は「食べ物と戦争」という裏テーマを有していることも、書き添えておきます。

ネオ日本食にたずさわるひとたちの中では、おいしいものを届けたいというまじめさと、まじめであるがゆえに、どんどん創意工夫をするネオらせ力と、元のものとは違っていてもおいしければヨシとする肯定のマインドが、奇跡のようなバランスを保っています。ネオ日本食のひとつって最高。取材をすればするほど、その思いは強くなりました。


ところで、かつてのわたしはなぜ「ネオ和食」ではなく「ネオ日本食」ということばをチョイスしたのでしょうか。最初は単なるひらめきに過ぎなかったと思います。でも、取材を進めるにつれ、やはり和食ではなく、日本食のほうが合っているな、と思うようになりました。なぜって、和食が日本の文化や伝統を重んじ、「守るべきもの」感を打ち出してくるのに比べると、日本食は文字通り「日本の食」であればそれでよく、やたらと包容力があるのです。

そのことは、2013年に「和食：日本人の伝統的な食文化」がユネスコの無形文化遺産に登録された件からも感じ取ることができます。農林水産省ホームページ内「「和食」がユネスコ文化遺産に登録されています」のページに「和食」の4つの特徴がありました。

（1）多様で新鮮な食材とその持ち味の尊重
（2）健康的な食生活を支える栄養バランス
（3）自然の美しさや季節の移ろいの表現

（4）正月などの年中行事との密接な関わり

海外にアピールしたい「和食」がどういうものなのかが、よくわかる定義だと思います。古き良き日本の伝統・文化・美意識を大事にすると、たしかにこうなりますよね。しかし同時に、わたしたちの日常食たる餃子やカレーやナポリタンが、この定義に当てはまらないことにも気づいてしまうわけです。季節感無視で年中食べられて、ときにジャンクだったりもするのが、ネオ日本食ですから。

日本の有識者がユネスコに登録申請したのは、あくまで和食です。ユネスコさんよ、あんた、和食に気を取られて、ネオ日本食のおもしろさにまだ気づいてないようだね。そう言いたくなります。じゃないほうの和食＝ネオ日本食、という扱いは、この先も続いていくのかもしれません。でも、それでいいのです。むしろ、伝統的な和食とネオ日本食の間にある程度距離があってこそ、日本の食文化は、おもしろく発展していけるんですよ。和食が中心でどっしり構えていてくれるからこそ、日本食は周縁を目指し、自由にネオっていけるのです。

さあ、前置きはこの辺にしておきましょう。ネオ日本食を手がけるすばらしい料理人たちの生きた言葉を通して、ネオ日本食の世界を覗いてみてください。そしてまた、ネオ日本食を生業とするに至った方々の、他ではなかなか読めない人生の記録としてもお読みいただければ幸いです。

もくじ

本書の内容は取材時点の情報を元に構成しています。各文末の日付は取材日です。

ホットケーキはオシャレなもの
なるべく小さく焼く

珈琲ワンモア（平井）

戦後日本の喫茶カルチャー

東京都江戸川区平井にある喫茶店「珈琲ワンモア」は、１９７１年にマスターの福井明さんが妻の絹代さんと開いたお店である。ホットケーキがとてもおいしくて、わたしが書いた『パンケーキ・ノート』（リトルモア）でもご紹介した。古き良き喫茶店のホットケーキといったおもむきで、食べごたえはあるけれど決して重すぎない。そしてたっぷり塗られたバターとメープルシロップの甘じょっぱ感がすばらしい。わたしが２０１５年に「マツコの知らない世界」（ＴＢＳ系列）に出演した際も、マツコ・デラックスさんにできたてを食べてもらいたくて、スタジオまでご足労いただいた。そんなわけで、わたしにとってはお世話になりまくりの、絶対に足を向けて寝られないお店である。

何度もお邪魔する中で、マスターが戦後のドサクサ期に渋谷の喫茶店で働いていたことや、米軍から横流しされたベーキングパウダーを使い、全身まっ白になりながら小麦粉をふるいにかけ、ホットケーキを作ったという話を聞いた。マスターの話をもっと聞けば、ホットケーキについてはもちろん、戦後日本における喫茶カルチャーのこともわかるのではないか。そう思い、取材をお願いした。

1938年に東京で生まれたマスターは、高校生の時点ですでに喫茶店が大好きだったというが、社会人になって最初にしたのは、飲食の仕事ではなく綿布を商う店での「奉公」だった。

「ちょっとね、家庭の事情と義理があって、神田の問屋街で1年ばかり奉公をやりましたね。丁稚がいて番頭さんが何人かいて。僕はいわゆる丁稚小僧ですよ。それで朝は10人くらいいる番頭さんの自転車を全部磨いて、みんなのパンを買いに行って。で、トーストにして、マーガリン塗ってね。昔はマーガリンのこと〝人造バター〟って言ったんですよ。トースターはね……こういうの(手のひらを拝むように合わせたり開いたりする動き)。パタンってね。開いてパンをはさんで閉じる。中にニクロム線が通っていて、いっぺんに2枚焼けるんですけど、ときどき開いて焼け具合を見るんですよ。で、朝はトーストとお味噌汁です。お味噌汁はね、たしかそこの奥さんが作ってくれて」

奉公先でマスターが任されたのは、朝食作りだった。というか、これ、どう考えてもモーニングセットじゃないか。奉公先ですでに喫茶店っぽいことをやっていたとは。トーストのお供はコーヒーでも紅茶でもなく味噌汁だが、当時は米が不足していたからパンと味噌汁の和洋折衷でもぜんぜん変じゃなかったんだろう。そんな生活に、ある日転機が訪れる。車で配達作業をしていたマスターは、一時停止が甘かったせいでお巡りさんに捕まってしまう。

「配達に行ったら、ちょうど吉原のところでお巡りさんに捕まったんですよ。で、調書とられて、〝給料いくらもらってる？〟って聞かれたから〝５５００円だ〟って言ったの。〝ただし５５００円から４０００円食費を取られるんだ〟って付けたしたら〝じゃあ１５００円か？〟って聞くんで〝そうです〟と。そしたら〝お前、もうちょっといいとこ探せ〟って（笑）」

この言葉に感化されたマスターは、当時の仕事探しの定番だった「読売新聞の下のほう」を見て、渋谷の喫茶店「マウンテン」を発見。丁寧な手書きの履歴書を持っていったところ、即採用となった。

「店の場所がなんつったってセンター街のどん突きだったんですよ。目をつぶって歩いていってもぶつかるような場所ですから。で、センター街がどういうところかも知らないまま、履歴書を２通書いて持って行きました。マウンテンの本店が、『ロロ』っていう店だったんですよ。ロロの名前は天下に轟いていたんですよね。で、ロロはもう古いから、もうちょっと新しい、どんなひとが来ても恥ずかしくないようないい店を作ろうってんで、相当お金かけて作ったのがマウンテン。履歴書もろくに見ないで採用されてね……そんな綺麗な履歴書持っていくひとはいなかったんじゃないかしら。もうパラパラって見て、気に入ってくれたのか、〝明日からおいで〟って。冷蔵庫の中においしそうなものはいっぱいあるし、これはいいとこに来たなと思いましたね（笑）」

ロロと言えば、三島由紀夫などが通ったことで知られる有名喫茶店。その支店であるマウンテンからマスターのキャリアはスタートした。さあ、給料はどうなっただろう。「トーストとおみおつけからはおさらばだってんで。給料は初任給で７５００円」……大幅アップだ！　ただ、湯沸かし器はないし、食器洗いの洗剤もない。ガスで沸かしたお湯を冷まして使ったり、苛性ソーダや洗濯石鹼をアレンジしたオリジナルの洗剤を作ったりしてしのいでいたのだとか。

「なんていうか、教科書がないんですよ。これが一番いいっていうのが。だから店ごとに全部違う方法でやってたんですけど。結局、お湯が出ないから冷たい水で洗うし、洗剤がないからどこの喫茶店行っても食器が汚いんですよ。店に入ると、最初はやっぱり洗い場からでしたからね。それでもう手が冷たくて冷たくて。そうするとね、働いているひとも長続きしないんですよ。どうしてもね、我慢がきかないのね。だからちょっと我慢するとすぐ偉くなれるんです。で、偉くなると仕事が楽になるの。最初はキッチンの左側で洗い物をするでしょ。次は真ん中でジュースとかサンドイッチを作るでしょ。で、もっと偉くなると一番右側に行ってコーヒーだけ淹れるの。偉くなるとすごい楽なんですよ」

お湯も出ない、専用の洗剤もないキッチンでの作業は、誰にでも続けられることじゃない。戦後の物資不足がダイレクトに表れた、本当に過酷な現場である。

物資不足と言えば、材料となる食べ物についても同じだ。

「近くにワシントンハイツ……かまぼこ兵舎みたいな建物があって。ＧＨＱの将校クラスが住んでいましたから、そこからの放出品っていうか、まあ、横流しされたものを闇屋が扱ってたんですね。その闇屋へうちのマネージャーが足繁く通って、一般のひとが食べられないようなおいしい缶詰とかを仕入れてきたんです」

決して豊かとは言えない暮らしを送る市民のために、ないない尽くしの中でもどうにか工夫をする。それがマウンテンのモットーだったようだ。冷房を完備している店が少ない中、クライスラー社のクーラーを導入していたというエピソードにも、経営者のなみなみならぬ気概を感じる。奉公先を飛び出し最初に働いた喫茶店が、質実ともにイケてる店だったことは、マスターにとってすごく幸運なことだったんじゃないだろうか。

喫茶店で何がイケていたのか？

「ホットケーキは、まあ、めったにやってなかったですね。周りの喫茶店ではやってなかっ

た。うちはマネージャーが銀座の有名なところのコック上がりのひとだったから、なんでも作れたんですけど」

当時、ホットケーキを提供するための材料や技術があることは、当たり前のことじゃなかった。いまなら業務用の冷凍ホットケーキをチンするとか、いくらでもやりようがあるが、この時代はそうはいかない。そしてホットケーキを作るのは、マスターに言わせれば「めんどくさい」ことだった。

「マウンテンは鉄板だったんですよ、銅じゃなくて。鉄ってなかなか冷めないから、キッチンがものすごく暑くなるんです。クーラーもフル稼働になるわけですね。一番かわいそうだったのはクーラーですよ」

冷めにくい鉄板を使ってホットケーキを焼くのは、たしかに大変そうだ。しかしそんな風に文句を言っていたひとが自分の店を開き、ものすごくおいしいホットケーキを焼くようになるのだから、人生わからないものだ。ちなみに、ワンモアでは熱しやすく冷めやすい銅板を使用しているので、かつてのようにキッチンが暑くなることはない。何よりだ。

マウンテンにはホットケーキの作り方に関するマニュアルがなかったので、マスターは先輩の動きを見て覚えるしかなかった。それでもやれちゃうなんて、マスター器用すぎだよ……と思うのだが、本人はこともなげに「そんなに難しいことじゃない」「2、3時間あればトミヤマさんにも教えてあげられるよ」と言う。企業秘密にしてもおかしくないくらいおいしいホットケーキが作れるのに、決してもったいぶらない。

しかしわたしは知っている。仮にレシピを教えてもらっても同じものは焼けないと。なぜならホットケーキは「焼きの技術」がものを言うからだ。以前、某有名ホテルの取材をしたときも、ホットケーキを焼く係になるにはそれなりの修行が必要で、ホットケーキを焼く日は、焼きがブレるといけないから、他のものは作らせてもらえないのだと言っていた。だからわたしは名店のホットケーキを家で再現しない。お店でいただくのが一番だと思っている。

マスターの話に戻ろう。マネージャーが元コックだった影響でフードメニューはそれなりにあったと言うわりに、ホットケーキの他は、トースト、サンドイッチがあるくらいのもの。もっとメニューを増やせそうなのに、なぜだろう。

「それ以外のものは邪道」

そうマスターが教えてくれた。コーヒーの匂いを消してしまうような食べ物はアウトだというのだ。たしかにコーヒーを売りにしている喫茶店にとって、他の匂いは邪魔になる。なんとなく「喫茶店と言えばナポリタン」みたいなイメージがあるけれど、マスターによればそういうイメージが広がっていくのはもう少しあとのことだという。

「だからね、最近テレビで、あの、スパゲティ……ナポリタンが出てくるとタレントさんが〝俺、昔これ喫茶店で食ってうまかったよ〟って言うけど、最初は喫茶店であんなの絶対に出

注文が入ったら「カスター」をボウルに適量移し、粉を混ぜて焼く。

さなかったんですよ。若い世代のひとが懐かしがったりしてますが、僕らのときは絶対にああいうものは出さなかった。〝うどん〟って呼んでましたからね。それくらい馴染みがなかった。それからご飯粒、ピラフとかも絶対に出さなかった。そもそもホットケーキが日に2、3回しか出ないんですから」

戦後すぐの喫茶店には、徹底したコーヒー至上主義があった。だから全体的に食べ物の地位が低い。でも、それだけコーヒーが大事にされていたということだ。その当時、何がイケてて、何がイケてなかったか、というのは文献だけ読んでいても見えてこないものである。

「ホットケーキがね、どうしても大きくなっちゃうんですよ。誰が焼いても大きくなっちゃうんです、ダラーンとね。そうするとね、〝ホットケーキっていうのはオシャレなものなんだからな

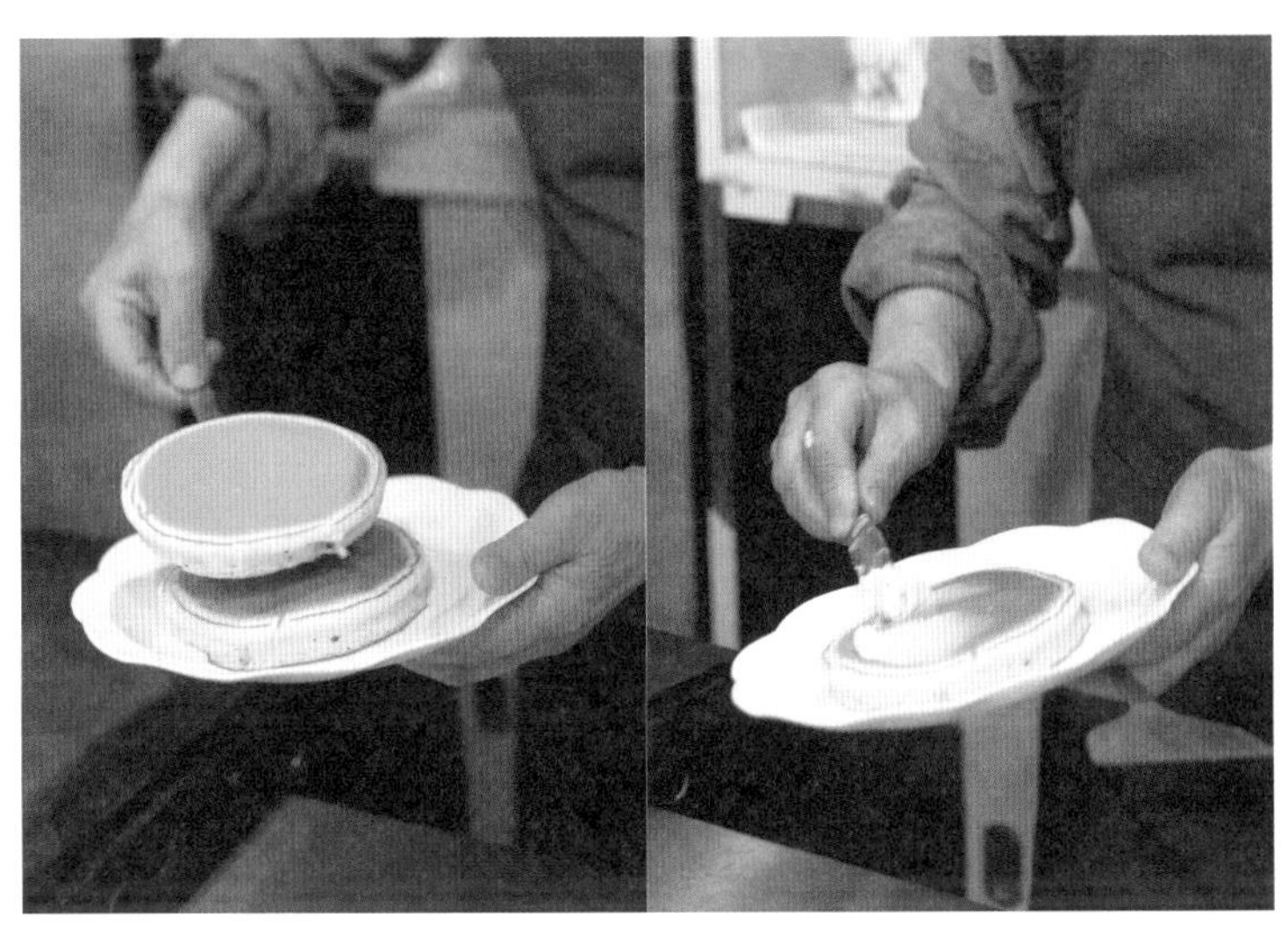

ホットケーキはなるべく小さくオシャレに焼く。バターはたっぷりと。

るべく小さく焼け〟って。小さすぎちゃダメですけど。とにかくオシャレにオシャレにっていうことを言われましたね」

どうですかみなさん。ホットケーキは小さいほうがイケてるんですよ。ダラーンとしたらいかんのですよ。思えばワンモアのホットケーキも、小さすぎず大きすぎず、絶妙なサイズ感だ。

マウンテンからワンモアへと継承されたのは、味だけではない。美意識もまた継承された。しかし、かつては広く共有されていたであろうその美意識も、いまやほとんど忘れ去られている。諸行無常と言うより他ない。

おいしくなる理由

マウンテン時代のレシピとほとんど変わらない

ワンモアのホットケーキだが、違うところがひとつだけある。バターや卵をふんだんに使うようになったのだ。ただ、おいしいホットケーキに必要なのは、いい材料だけじゃないようで……。

「雇われてると制限があるわけでしょ？　材料費が高いからこれだけしか使っちゃいけないよ、みたいな。だけど自分がやると、高かろうが安かろうがとにかくひとよりおいしいものをと思うほうに傾いていきますよね。卵を2個使うところを5個使ってみたり。ちょっとずるいですけどね。けどそれだけでおいしくなるわけじゃないんですよね。なんていうんですか、やっぱり気持ちが乗っていると上手に焼けるし、あとは味にうるさそうなお客さんは、なんとなく雰囲気でわかるじゃないですか。そういうときはやっぱりちょっと力が入る（笑）。そういうのはありますね」

店では卵や牛乳を混ぜた「カスタード」と呼ばれるタネを作りおきしておいて、注文が入ったらボウルに適量を移し、粉を混ぜて焼く。ちなみに、カスタードにパンを浸せばフレンチトースト（P24右上写真）にもなる。編集Kさんが「まったく同じカスタードなんですか？　フレンチトースト用に何か足したりしないんですか？」と聞くも、マスターは「いや、まったく同じです」と言う。まったく同じと言われても、食べてみるとホットケーキとフレンチトーストは別種のおいしさをまとっている。なんか不思議。あっちはふんわり、こっちはしっとり。同じ材料でも、焼きの技術によって、違う味になる。これは地味にすごいことである。

継承されたこと、されなかったこと

ついつい食べ物ばかりに注目してしまうけれど、ワンモアはコーヒーにも相当こだわっている。自家製の深煎りコーヒーは、キッチン脇に鎮座する直火型焙煎機で作られている。

「なんていうんですか、車で言えばマニュアル。壊れるとね、厄介なんですよ。部品がないから修理に何ヶ月もかかるんです。これは国産ですけど、一番かっこいいのはやっぱりドイツ製だと思ってます。で、これは直火型っていって、回ってるドラムの中に生の豆を突っこんで、直火で焙煎するんです。これが焼けてくると爆ぜるんですよね、パチパチって。その爆ぜる音を耳で聞く。たぶん僕、目が不自由になっても豆だけは焼けるんじゃないかなと思ってます」

焙煎への思いを語ってくれたマスターだが、もともと焙煎に詳しかったわけではない。詳しくないどころか、マウンテン時代には、焙煎を教えてやると言われたのに逃げ出している。コーヒーの味は店にとって最も大事な柱だから、若いマスターからすれば、それを教わると店に縛りつけられるようで荷が重かったのだろう。しかし、現場にずっといれば、豆の色なんかは自然と覚えてしまうから、ワンモアをはじめたときには、それを思い出しながら焙煎したのだという。

ここまで読んでくださったみなさんは薄々気づいているだろうけど、ワンモアでマスターがやっている仕事には、マニュアル化されてない「勘所」がいろいろとある。知れば知るほど奥深いし、好きだけじゃ務まらない仕事だなとも思う。そしてこのことは、喫茶店文化全般に当てはまるんじゃないだろうか。つまり、勘のいいひと、器用なひとが継承した文化や技術は高いレベルを保てるけれど、不器用なひとがうっかり継承したら、その先どうなるかはわからない。長く続いている上においしさも魅力もたっぷりの喫茶店というのは、ちょっとした奇跡なのだ。

マスターが焙煎するコーヒーのおいしさは、これからもずっと変わらないだろう。しかし、客の嗜好は確実に変化している。

「いまはみんなお砂糖嫌うでしょ、ミルク嫌うでしょ……。昔は自分の家にグラニュー糖なんてないんですから。せいぜい上白糖。〝お母ちゃん、お砂糖取って〟って言うと台所からガリンガリンのお砂糖が出てくる。固まっちゃってね。だから喫茶店でコーヒー飲むときは、サラサラのお砂糖入れられるのがうれしくてね。で、ミルクも入れる。アメリカ製のエバミルク。イチゴにかける練乳の無糖のやつね。これが深煎りのコーヒーと合うんですよ。マウンテンはたしかコーヒー1杯40円だったんですよ。おじさんたちは朝それをサッと飲んで会社に向かってましたね」

食生活が豊かになり、健康への意識が高まるにつれ、糖分は悪者扱いされるようになった。しかし、ワンモアにいるときくらいは、かつてのやり方に倣って、砂糖とミルクたっぷりのコーヒーを飲むのもいいのではないだろうか。

そしてワンモアは続く

夫婦二人三脚でやってきたワンモアだが、近頃は娘の幸子さんも店を手伝っている。見よう見まねで仕事を覚え、6年目に突入したいまは、焙煎以外すべてできるようになったという。もちろんマニュアルなどない。マウンテン時代のマスターと同じように仕事を覚えたのだ。血は争えないとはこのことか。実家であるワンモアの味をどう思うか聞いたら「そんなのわかんないですよ〜」と言っていたけれど、両親が守り続けてきた味を変に持ち上げたりしないで、淡々と継承していることが、最大の親孝行であるような気がしてならない。

取材中、オススメのホットケーキの食べ方を聞いたら、幸子さんがこんな風に答えてくれた。

「……〝私が思うに〟だからね？　マスターがどう思うかは知らないよ？　で、やっぱりあれだよね、うちのは自分でバターを塗らなくても2枚目まですでに塗ってあるんだから、あとはザクザク6等分に切って、メープルシロップを全部ぶっかけて食べるのが、私は一番おいしいと思う。どうです？（と言いながらマスターのほうを見ると〝うん、そうだね〟との返答が）」

「あつあつが絶対おいしいです」と言い切る幸子さんらしい、スピーディーかつ豪快な食べ方。ちなみに、シロップは適量をサーブしているから全部使い切ってほしいけれど、残されてしまうことも多いのだとか。ここでも砂糖を嫌う風潮が……。マスターも「宝物みたいにしてたお砂糖がこんなに嫌われる時代が来るとは思わなかったね」と寂しそう。

　幸子式ホットケーキの食べ方にマスターが付け足した「バターは塗るものじゃなく食べるもの」という言葉も忘れがたい。以前からなんとなく丁寧にバターを塗らないほうが味に緩急があっていいなとは思っていたのだが、「トロトロにしちゃうとバターの旨味はなくなっちゃう」という言葉を聞いて、やはりそうかとうれしくなった。

　最後の紹介となったが、接客担当としてフロアを動き回る絹代さんも、実はすごいひとだ。コーヒーが好きで、若い頃にウェイトレスも厨房も経験済み。つまり福井夫妻は喫茶店で働くプロ同士だったのだ。ちなみにふたりの出会いは、マスターがマウンテンのあとに働いていた店。マスターは店に出入りする迷惑な不良少年・少女たちを一掃する目的で雇われていたのだが、そこに客としてやってきたのが絹代さんだったのだという。なかなかにハードな店で出会っているな、とか思っていたら、マスターが「ろくなもんじゃないですよ、ああいう店へ来るの（笑）」と。まあ、たしかにほんわかしてはいないけれど、そこで出会って意気投合したなら、やはりそれはふたりの喫茶店愛が引き寄せたご縁だ。実際、今日まで一緒に店を続けているのだから、すばらしい出会いだったと言っていい。

「昔からコーヒーは好きなんだけど、だからって酸味のあるコーヒーはダメなんです。胃に負担がかかって。深煎りのこういう味のコーヒーのほうが好き。マスターのコーヒーが薄かったら〝薄い〟って言うこともあります」

珈琲
ワンモア
珈琲
ワンモア
PM 13:00~
ヒトメニュー
フレンチトースト
+
珈琲 or 紅茶
¥750-

マスターのコーヒーが好きだからこそ、言うべきは言う絹代さん。ふたりのパートナーシップもまた、ワンモアには欠かせないものだ。

お店をはじめて、もう50年以上。マスターには持病もあり、毎日バリバリ元気というわけではない。それでもお店に立つ理由はなんだろう。

「やっぱりひとが好きなんですよね」

長く営業する中で、常連さんは高齢化し、もう会えないひとたちもずいぶん増えたが、パンケーキブームやSNSのおかげで新しい出会いもある。テレビ番組に出たこともあって、世間にはホットケーキのお店として知れ渡ったが、最近は「コンビーフエッグトーストが一番人気がある」のだそう。ずっと同じところで営業していても、ひととの出会いがある限り、何かが変わったり動いたりしていくものなのだ。

そう言えばマスターは、大人の前で浪花節や落語といった芸を披露するのが得意な子どもで、高校時代は演劇をやっていたという。なんと芸達者な。ご本人は「軟派な人間なので……」と謙遜するけれど、みんなを楽しませるのが好きなひとなのだと思う。ワンモアをマスターが作った舞台に見立てれば、そこから降りたくない気持ちもよくわかる。これからもおいしいメニューと温かい接客でお客さんを楽しませ続けてほしい。

（２０２２年３月23日）

パートナーの洞察で生まれた「飛躍」のパフェ

浅煎りコーヒーと自然派ワイン Ｔｙｐｉｃａ（西荻窪）

パルフェ／サンデー／パフェ

日本のパフェは、フランスの「パルフェ（parfait）」を先祖に持つスイーツ——ということになっているが、国内で独自進化を遂げた結果、パルフェとは似て非なるものとなった。

パルフェというのは、生クリームや卵を使ったアイスクリームのような冷菓で、フルーツのピューレなどを加えることもある（考案された当初はコーヒー風味だったようだ）。パルフェは平皿で提供されるのが基本なので、パフェと聞いてわたしたちが思い浮かべる背の高いグラスや柄の長いスプーンは必要ない。

一方、アメリカ発祥の「サンデー（sundae）」も日本のパフェの祖先だと言われることがある。それ自体は間違っていないが、サンデーは日曜日（安息日）にクリームソーダを飲む贅沢を禁止する条例に対抗すべく考案されたという説があるほどで、豪華さを競い贅沢感を表現する傾向にある現代日本のパフェとは、ちょっと方向性が違うように感じる。

そんなわけで、この国のパフェは、パルフェやサンデーを遠い祖先に持ちながらも、ネオ日本食として独自の路線を歩んでいる。

誰がなんと言おうと、これはパフェ

今回パフェを取材するにあたって、わたしがいの一番に連絡したのは、パフェ評論家の斧屋さんだ。フードライターとしていろいろな食べ物について書くのではなく、一種類の食べ物をひたすら追いかける姿勢がわたしとよく似ていることもあり、仲よくさせてもらっている。トークイベントのお仕事をご一緒して、パフェとパンケーキ、どっちが偉いかを決める勝負をしたこともある（そのときはパフェが勝ったが、まだ納得できていない）。仕事とプライベートの両方にまたがる付き合いの中で、ネオ日本食のコンセプトについては、すでに予習済みだ。

全国を行脚し、とんでもない本数（パフェの単位は〝本〟なのです）を食べている斧屋さんに、「ものすごくネオってるパフェ」を教えてもらいたいと考えるのは、わたしにとってごく自然

なことだった。

そして斧屋さんが「ここしかない！」と言わんばかりの勢いで推薦してくれたのが、東京都杉並区西荻窪にある「Ｔｙｐｉｃａ（ティピカ）」だった。そもそもネオってるパフェの中で、さらにネオってるパフェを出すお店とは、一体どんなところなんだろう。期待半分＆不安半分でお店に行くと、そこにはおいしくて不思議な世界が広がっていた。

まずは取材日にわたしが食べたパフェを見てもらいたい。

「栗ときのこのパフェ」（２０２２年９月９日から12月６日まで提供されていました）

・椎茸のアイス
・ネッチ（栗粉を使ったイタリアのクレープ）
・豚肉のアイス
・栗のアイス
・もち塩パン
・きのことベーコンのフリッタータ
・醤油のジュレ
・タコ
・椎茸ソース

（写真はＰ31）

……どうですか。信じられますか。おつまみみたいですけど、これパフェなんですよ。筒型のグラスにこれらの食材が層状に積み重なっていて、長いスプーンで食べるんです。甘くはないけど、やっぱりパフェなんですよ。

パフェの食べ方として、パフェスプーンを駆使していろんな層の味を混ぜる、というのがあるが、このしょっぱい系パフェでもそれは可能。アイス同士を混ぜてもうまいし、醤油のジュレとタコなんて混ぜたら余計うまいにきまってる！　パフェにタコが入っているのはどうなんだと思うかもしれないが、白玉とかタピオカ的な「食感担当」と思えば、とくに違和感がない。奇抜な見た目に最初こそ驚かされるが、すべての具材が調和していて、混ぜてもまったく問題ない（どころかさらなるうまさがある）という点で、パフェとしての要件は完璧に満たしている。誰がなんと言おうと、これはパフェだ。ちなみに、果物の入った甘いパフェのほうもすごいことになっている。せっかくだから内容だけでもお伝えしよう。

「林檎のパフェ—正月ｖｅｒ—」（22年の1月8日から18日まで提供されていました）

・りんご・ミント・モッツァレラのカプレーゼ
・酒粕マスタードアイス

シイタケ

・白みそアイス
・トマトのコンポート
・サワークリームアイス
・はちみつレンコン
・フィヤンティーヌ（かぼちゃ・ひまわりのタネ）
・柚子わらびもち
・りんごのコンポート

甘いパフェも、一般的なパフェとは別物だということがわかるはず。こんなの食べたことないし、食べてみるまで想像もつかない。本当に不思議なパフェ体験がわたしたちを待っている。どんなマッドな料理人がこれを作ったのか、めちゃくちゃ知りたい。そんな気持ちで店主の相原民人さんにお話を聞いた。

夫婦で何かできるんじゃないかな

そもそも相原さんは、コーヒー好きの仲間と吉祥寺の「LIGHT UP COFFEE」を立ち上げ、

「スペシャルティコーヒー」と呼ばれる、高品質で独自性の高いコーヒーを提供してきた。

「僕がLIGHT UP COFFEEをやめて、自分で店をやろうとなったときに、夫婦でやりたいという憧れみたいなのがあったんです。もともと自分が好きになるお店が、ご夫婦でやっていたり、あとはうちの親も自営業なんですけど、母が父を手伝っていて。そういうのを見ていて、夫婦で仕事をするっていいなと」

相原さんのお父さんは、『コージ苑』（小学館）などで知られるマンガ家の相原コージさん。在宅で仕事をするお父さんや、その手伝いをするお母さんに憧れたなんて、いい話すぎる。ちなみに民人さんは、お父さんの背中を見てマンガ家になりたいと考えていた時期があり、LIGHT UP COFFEEのことを描いた作品も発表している（『コーヒーとボク 漫画家に挫折したボクが22歳で起業してコーヒー屋になるまで』双葉社）。本当にステキな家族だなあ。

「店をひとりでやることもできるけど、それだと結局LIGHT UPは超えられないと思いました。メニューもコーヒーだけになっちゃうし。それより、街に根付いたカフェ・ビストロみたいなお店を、せっかくなら夫婦で作りたいって思ったんです。この街に店を構えて、この街のひとが通い、楽しんでほしい。だから、店の名前も〝普遍的でありたい〟という意味を込めてTypicaにしたんです。ちなみに、コーヒーの品種で〝Typica種〟というのがあって、ルイ14世によってつけられたんですけど、それが歴史上初めて名前がつけられた品種なんです」

新店オープンに際して相原さんが決めたのは、夫婦ふたりによるミニマムな経営にすることと、お客さんに普遍的な価値を提供することだった。LIGHT UP COFFEEでの経験を生かした、相原さんならではのコンセプトだと思うが、パートナーの沙季子さんは、ほぼ飲食業界の経験がない。いきなりこのコンセプトで店をやりますと言われてついていけたのだろうか。

「彼女はふつうに料理がうまかったし、もともと美大出身で、樹脂とか粘土とかを使ったフェイクスイーツを作っていました。作品を見ていたので、この特技を活かせたらいいな、ふたりで何かできるんじゃないかなってうっすら思ってたんです。新しいお店のことを考えているうちに、彼女が1年くらいイタリアンの店で働くことになって、そこがちっちゃいお店だったので、仕込みからできるようになった。それで準備が整ったというか、じゃあもう一緒に店をやろうと」

この、相原さんの妻への洞察が、Ｔｙｐｉｃａのパフェ誕生へと繋がっていく。

「彼女はお菓子の勉強をしてなかったのもあって、発想がすごく自由なんです。そこが弱みでも強みでもあるんですけど、本当に常識破りなことができるんです。美術をやっていたから、

食べ物に対しても美的センスがある。造形として美しく作るのが得意だろうとも思っていました。それを一番活かせるのがパフェじゃないかなってことで、メニューに入れてみたんです。たしか最初はブドウのパフェかな。シンプルなパフェだったんですけど、意外と好評をいただけました」

相原さんの読みは当たった。ネオ日本食は歴史や伝統に囚われすぎないある種の「飛躍」があってこそ新しいうまさを生み出せるというのがわたしの考えなのだが、相原さん夫婦もたいへん飛躍上手だと思う。パフェへの愛はあるが、パフェとはこうあるべき、という先入観に縛られない絶妙なバランス感覚がある。沙季子さんが元美大生というのもユニークなレシピを生み出す土壌となっているし、修行先が喫茶店やフルーツパーラーではなくイタリアンなのも、ひとひねりある感じ。歴史や伝統をまるっきり無視してもダメなのだが、重んじすぎてもダメなのが、ネオ日本食。その意味で、相原さん夫妻とネオ日本食はすごく相性がいい。

ただ、オープン（2020年9月20日）時点では、まだシンプルなパフェである。そこから独自路線を行くようになるまでには、どんな経緯があったのだろう。

「ビストロを意識していたので、夜11時まで営業していましたし、いろんな料理を作る中にパフェもあるって感じだったこともあって、一種類からスタートしました。それでパフェがだんだん人気になってきたところに、ちょうど緊急事態宣言（21年1月）が重なった。夜営業ができないし、お酒も出せなくなってしまいました。僕は、その後もコロナ禍が続く中で、世の中の流れがお酒とか料理より、スイーツとかそっちのほうに流れていくのを感じたんです。じゃあ、もっとスイーツに力を入れようかと、パフェの種類を最大3種類にしたこともありました」

予期せぬコロナ禍により、店は営業方針の変更を余儀なくされた。その中で浮上した戦略が、沙季子さんのパフェを強化することだったのだ。大変そうに思えるが、意外なことにとても楽しかったらしい。

「僕たちがやりたいっていうよりかは、需要に合わせて店の形を変えていったんです。それがすごく楽しくて。どうやったら喜んでもらえて、どうやったら利益が上がって、けどまあ僕らの体力もあるしな、っていうのを考えるのが楽しかった。すべて自分のコントロール下にあって、幸福感が高かったんです。他人に介入されず、完全に自分たちで自由にできるっていうのが、性格に合っていました」

世の中の流れに振り回されるどころか、むしろ試行錯誤することをとことん楽しんでいる。そんな相原さんと一緒だからこそ、沙季子さんも冒険的なパフェを作れたのかもしれない。厨房にお邪魔して、沙季子さんのお話も聞くことにした。

愛すべき「飛躍」

「料理はもともと〝好き〟っていうより〝できる〟って感じでした。働いていた吉祥寺の『ヴィネリア ハーヴェスト』の影響は大きいと思います。店主の考える素材の組み合わせがおもしろくて。ふきのとうをアイスにするとか。そんなアイスを食べたのは初めてでした。実は、組み合わせの妙は、フェイクスイーツにも通じていて、基本の樹脂粘土の他に、百均で〝これ使えそう〟って素材を集めていました」

フェイクスイーツを作るアーティストとパフェを作る料理人で扱う素材は違うが、「組み合わせを考える」という点は同じ。斧屋さんもよく言っているが、パフェはいろんな食材によって作られる「構造」を楽しむ食べ物だから、組み合わせを考えるのが得意なひとは有利なのだと思う。物づくりにたずさわってきたひとだからできたことで、ただの食いしん坊ではこうはいかないんじゃないだろうか。

「受験でデッサンの勉強もしてたんですが、あれって自分で描いたものを講師にめちゃめちゃ消されるじゃないですか。3時間かけて描いたんだけどな……みたいなのを消されたりす

る（笑）。だからパフェを作っているときも、おもしろくなってきて材料を足していっても、これはちょっと違ったかなって思えば、けっこうバッサリ修正できる。そういう経験も意外といまに繋がってるんじゃないかなって思います」

わたしも美大の教員なのでわかる！　美大生というのは、とにかくダメ出しをされる。課題を作れば必ず講評会があり、自分的にはよいアイデアだと思ったものも、容赦なく切り捨てられたりする。しかし、それに慣れてくると、次第に自分で自分にダメ出しができるようになる。セルフダメ出しは、よりよい作品を作るために必要なプロセスだ。

沙季子さんも、新しいパフェを作るときは、まずアイデアをバーッと書き出して、そこから修正をかけていくという。紙の上でかなり試行錯誤するので、試作するときに失敗することはほとんどないそうだ。でも、「栗ときのこのパフェ」に使った豚肉のアイスは、最初おいしくなかったんだとか。

「めちゃくちゃ豚臭くて。なんか喉に油が残るし。でも生姜と一緒に炒めたらいけたんですよ。おいしくないからやめよう、じゃなくて、どうやったらうまくいくかを考えますね」

これだけユニークなパフェを作るのだから、そりゃうまくいかないこともありますよね、という感じだが、沙季子さんにかかれば、セルフダメ出しからの修正もなんだかとても楽しそう。素人からすれば、いろいろなパフェのパーツを一から作り、さらに違和感がないように組み合わせるなんて、気が遠くなりそうだが、沙季子さんはとことん前向きだ。

「やっぱり食べに行くのが好きなので。イタリアンに行って、たとえばホワイトアスパラを、〝こうやって組み合わせてみました〟とかって出されると、こういう発想があるのか、これパフェでもできるかな、って考える。あとはアイスですね。なんかもうある程度やっていると、なんでもアイスにできるんだなって思えるようになってて」

なんでもアイスにできる！　パフェを作りはじめて数年でこの境地に至っているなんて……ネオ日本食の神に愛されし子じゃないか（そんな神がいるとすればですが）。

「新しいものを作り続けたいですね。こんなものもできるんだって言われ続けたい」と語る沙季子さんだが、そうしないと「自分が飽きちゃう」からということもあるらしい。あらゆる飽き性が悪いわけじゃない。より新しく、よりおもしろいものを求めるがゆえの飽き性は大歓迎だ。ネオ日本食を生み出すためには、むしろこの特性が不可欠だとすら思う。

「フェイクスイーツも楽しかったんですけど、パフェならお店でお客さまが喜んでるのを直で見られるのでうれしいです。帰り際に声をかけて〝お味いかがでしたか？〟って聞くと、いっぱい感想を言ってくれて」

ふつうに「おいしかったです」では済まされないパフェなので（褒めてます）、みんな感想を言いたくなると思う。友だち同士で喋ってもいいが、やはり作ったひとに伝えたい。ファーストインプレッションはどうだったか、実際に食べてみてどう思ったか、好きな具材は何か、どんなところが意外だったか。とにかく、言語化したくなるパフェなのだ。そして、「どうし

Typica

たらこんなにおもしろいものを思いつくんですか⁉」と質問したくなるパフェでもある。こんなにもコミュニケーションが発生するパフェを、わたしは知らない。現在進行形で超ネオってるパフェを食べた人間の反応がこれなのであれば、遠い過去にホットケーキやスパゲティ・ナポリタンを初めて食べたひとも、わーわー言ったに違いない（笑）。わーわー言いながらもおいしいから受け入れちゃう。そんな客の反応もネオ日本食を発展させる力なのかもしれない。

ネオ日本食の裏にはいつだって「ネオらせた料理人」がいる。彼らがいてくれるから、この国の食べ物はガラパゴス的に進化するのだ。ところが、インターネットが発達したことで、正確な情報が手に入りやすくなった。そのおかげで本場の味をとことん追い求めることができるわけだが、その一方で、想像力豊かな料理人による愛すべき「飛躍」はその機会をどんどん失っているように感じる。だからこそ、相原さん夫妻のような存在は大事にせねばなるまい。未来のネオ日本食は彼らのようなひとたちにかかっていると言っても過言ではないのだから。

（2022年9月9日）

たらこスパゲティの味
ファンが受け継いだ

スパゲティ ダン（目黒）

呪文のようなメニュー展開

たらこスパゲティ。スパゲティをたらこソースであえ、きざみ海苔を乗せるのが定番のスタイルだ。炭水化物の上に海苔が乗っているという構造だけ見れば、ざる蕎麦や丼ものなんかを思い出すが、味は似ても似つかない。

たらこのほどよい塩気とバターの豊かな香りが作り出すあの旨味たるや、世界中にファンがいておかしくない気がするけれど、実は日本生まれの日本育ち、生粋のネオ日本食である。日本に和風スパゲティは数あれど、こんなにも和洋がうまいこと融合し、わたしたちの日常に定着しているものは他にない。

そんなたらこスパゲティを提供するお店の中でもわたしが偏愛してやまないのが、東京・目黒の「スパゲティ ダン」。なぜなら全42種類のメニューのうち、たらこ・明太子関連が36種類もあるから（残りはウニ系と梅系とホウレン草系がちょっとずつあるのみ）。ほぼ「たらこスパゲティ専門店」と呼んでいい気合いの入れようである。

メニュー展開もなにやら呪文のようで楽しい。

1．たらこ
☆2．たらこイカ
☆3．たらこイカ大根おろし
4．たらこ大根おろし
5．たらこなっとう
6．たらこなっとう大根おろし

☆はおすすめメニューだ。ついでなので、明太子のところも見てみよう。

31．イカ明太子
☆32．イカ明太子大根おろし

33．イカ明太子なっとう大根おろし
☆34．イカ明太子ウニ
35．イカ明太子イクラ
36．イカ明太子イクラ大根おろし

たらこと明太子に軸足を置きつつ、段階的に具の種類が増えてゆく。もんじゃ焼きのお店に行ったときにもこういう表記を見るが、エントロピー増大！といった趣があり、とても愉快だ。愉快なのはメニュー構成だけではない。木製のお皿のはしっこには、大根の漬物がふた切れ。テーブルにはなぜかふりかけの「ゆかり」。ついでにゆずのタバスコ「YUZUSCO」もある。徹底的な和テイストで攻め込んで来られると、わくわくしてくる。たらこスパゲティに漬物やゆかりは合うのか。トッピングは盛れば盛るほどうまくなるのか、あんまりエントロピーを増大させないほうがいいのか。そんな風に考える行為自体が、ゲームみたいで楽しい。いつか「俺の考える最強のたらこスパゲティ」を完成させたい。

１９７６年に開店したダンは、いま二代目の島崎弘さんとそのご家族が切り盛りしている。二代目ということは、初代の息子さんなんだろうか、と思ったらぜんぜん違った。というわけで、取材は代替わりのきっかけを聞くところからはじまった。

「じゃあ俺がやってやるよ！」

「先代の石黒雄二は、息子の同級生のお父さんだったんです。1948年生まれで、俺とは年がひとまわり離れているんだけど、息子たちの幼稚園時代からずっと付き合いがあって、先代とは町会の神輿を一緒に担ぐ仲でもあった。それで、10年くらい前の神輿のときだったのかなあ。〝俺、70歳になったらダンをやめようと思うんだ〟って言われて。先代の娘はふたりとも結婚してたから〝娘の旦那とかは店やんないの？〟って聞いたら〝お前な、いいとこに勤めてんだよ〟と。〝ほうほう、そうなんだ。じゃあ俺がやってやるよ！〟って言ったら〝そう言ってくれると思ってた。明日から夜、手伝いに来い！〟って。〝えっ、嘘でしょ？〟って思ったよね（笑）」

先代と二代目は、まさかのパパ友であり、二代目家族はダンでしょっちゅう食事をするお店の「ファン」だったのだ。しかし、だからと言って、いきなり店を引き継ぐ話になるだろうか。「やるって言っちゃったもんはやんなきゃな」と語る島崎さんにだって、自分の仕事と生活があっただろうに。

1960年生まれの島崎さんは、ダンにほど近い高輪で金属加工などを手がける町工場を経営していた。昔の高輪や白金には、古川沿いに町工場がたくさんあったが、時代とともにだんだんと淘汰されていった。そこに追い打ちをかけたのがリーマンショックだった。売上が思うように上がらず「そろそろ潮時かな」と思うようになっていったという。そんな中、ダンを畳むかもしれないという先代の話があり、島崎さんは腹を決めた。町工場と並行して、ダンでの修行をスタートさせることにしたのだ。

「はじめのうちは、週に3日ぐらいで、夜だけ行ってました。そこからときどき昼が入るようになり、それで昼も夜も行きはじめ、いまに至ります。家族でやる体制になったのは去年（2021年）くらいからですけど、6年前ぐらいからもう厨房に入って味付けをやってましたね」

先代から島崎さんへの代替わりが本格的に進む中で、妻の明子さんも店に入るようになった。明子さんにも話を聞いた。

「こんな風に人生が変わっていくことは、まったく予想してなかったです。わたしはずっと病院勤めだったので。医療助手をやっていて、去年の6月まで勤めていました。そこで定年を迎えるはずだったんですけど、なんか急にね……（笑）。だからはじめのうちは〝ありがとうございます〟じゃなくて〝お大事に〟って言ってました。〝あぁっ、わたし、お大事にって言っちゃった！〟って。何十年も言ってきたので、つい出ちゃうんですよね。病院のときはお客さまじゃなくて患者さんだったので、緊張感や精神的ストレス

を感じることもありましたが、いまはそういったストレスはないですね」

たしかに、病気のひとと腹ぺこのひとを相手にするのはぜんぜん違う。でも、過酷な医療の現場で培われたホスピタリティが、明るく優しくお店を盛り上げる助けになっているのは間違いない。明子さんの笑顔もまた、これからのダンに必要不可欠なものとなるだろう。

先代の味は動かさない

もともとダンが大好きで、なくなってほしくないという気持ちから二代目を引き継いだ島崎さんなので、調理に関しては先代の教えを忠実に守っている。

「朝、仕込みのときにタネを作るんですけど、先代の味だけは動かさないようにしようと思ってます。アレンジはぜんぜんしてないです。ただ、ひと皿の量の多い少ないはあるかもしれないですけどね。〝あれ、ちょっと少なかったかな〟とか〝あっ、ちょっと多かったかな?〟くらいはあるかも(笑)。

スパゲティを茹でるときも、タイマーでちゃんと計っています。うちは麺が手延べなんですよね。〝手延べ〟って言い方でいいのかな……機械で延ばしてないやつ。茹でるのに12分ぐらいかかるから、注文から提供までだと15分くらいかかるんですよ。初めて来たお客さんは〝長いなあ〟って顔で厨房を見るから〝あ、初めてのお客さんだな〟ってわかります（笑）。たしかに時間はかかるんですけど、これも先代のときから変えていません」

たらこやウニのソースはあらかじめ作っておき、麺は茹でたてを使うのがダンのやり方。茹で時間はかかるが、待つだけの価値はある。そして実際に食べてみると、あつあつの麺にソースを手早く絡めることがいかに重要かわかる。店によっては、麺が茹で置きだったり、客が自分でソースを絡めないといけないパターンもあるが、それだと麺の温度が下がってしまうし、麺とソースの密着感がどうしたって損なわれる。何気ないことのようだが、麺が熱いうちにダッシュでソースを絡めるひと手間が大事なのだ。島崎さんに言わせれば「乗っけるだけなら誰でもできるからね。それはサボってるだけ」とのこと。ネオ日本食の多くは、誰でも作ろうと思えば作れる。だからこそ、何気ないひと手間がモノを言うのだと思う。ちなみに、全メニューの中でどれを作るのが好きなのかを聞いてみたところ、こんな返答が。

「あのね、梅スペシャルとか梅イカ大根を作るのが好きかな。こねこね混ぜ混ぜするのが好きなの（笑）。お皿にバターを入れて、パラパラっと調味料を振って、練り梅を混ぜるの。それから麺を和える。調味料を振る分、他よりちょっと手数が多いんですよね。だからこれが好きかな」

味とか見た目のことを言うのかなと思ったら、ポイントはまさかの「こねこね混ぜ混ぜ」、「手数」だった。食べる側には決して思いつかない答えである。たらこスパゲティの取材なので梅系は注文しなかったけれど、次に訪問する際は島崎さんのお気に入りをぜひ試してみたい。

代替わりで変わったこと

ダンの厨房は、お世辞にも広いとは言えない。だが、すべてが無駄なくきゅっと収まっていて、わりと過ごしやすそうな空間だ。大きな背中を丸めつつ手際よく作業する島崎さんに、まるでコックピットのようですねと声をかけた。

「ほんと狭いよね！　でも〝たらこスパゲティの店〟みたいな感じになっちゃってるから、いまはこれでいいのかもしれないなあと思ってて。たらこの場合、茹でたあとは火を使わないから。先代がやってたときには、最初から〝たらこスパゲティのお店〟じゃなかったんで、炒め物をガシャガシャガシャガシャやっていたらしくて。そのときは大変だったんじゃないかなあとは思います。ここに男ふたりが並んで鍋を振ってたらやっぱり大変ですよ。

前はミートソースもあったし、ボンゴレもあったんですけど、俺らの代になって先代が〝面

倒くさいからやめていいよ〟って。ミートソースも4日間ぐらい煮込んでたわけ。でも〝大変だからやめろよ〟〝わかった、やめる〟って。ボンゴレも1日に1、2食出るか出ないか、っていう感じだったの。だからアサリを仕入れても、結局は自分たちのまかないになっちゃう。アサリとほうれん草をバターでソテーしたおつまみも出してたんだけど、お酒を飲むひとがほぼ来ないんですよ。いま現在、飲みに来るひとはひとりかふたりぐらいですね。常連さんは食べたらすぐに帰る。もうラーメン屋みたいになっちゃってるから(笑)」

代替わりで変わったのは、味ではなくメニュー数だった。麺を茹でる以外に火を使うことがないメニューに絞って、効率化をはかっていたのだ(それをあっさり許した先代も豪胆でかっこいい!)。とはいえ、これは「一旦そうした」のであって、「たらこがピンチになったら復活させないといけない」と考えているのだとか。えっ、たらこがピンチ? 一体、どういうことなのか。これについては、明子さんが教えてくれた。

「ロシアが戦争をはじめたので、たらこが入ってこないとか、イクラが値上がりしたってことが実際にあって。うちのたらこは国産なんですけど、ロシア産が流通しなくなると、そこと連動して国産の在庫も減りますからね。ダンのメニューはほとんど海産物だけで成り立っているので、まだまだ戦争が続くと、たらこもイクラも本当にどうなるかわからない。そうなると困るねっていう思いはやっぱりあります。定番のミートソースとかいろいろやっているお店は逃げ道がありますけど、うちはないんですよ!」

ここで戦争の話が出てくるとは思わなかった。ダンにとって戦争は決して対岸の火事ではないのである。島崎さんも一番ヒヤヒヤしたときの話をしてくれた。

「本当に〝国産たらこが入ってきません〟って連絡が来たからね。10キロ注文したら〝すいません島崎さん、4キロしかないです〟って。4キロだと2日半……3日はもたないかな。それくらいの量なので、すぐまた注文しましたよ。そのときは注文したらすぐに入ってきましたけど、ちょっとドキドキしますよね。〝ヤバいんじゃないの？〟って思いました、本当に。だから買えるときに買っておくことにして。もう1個冷凍庫を用意して、白金台の自宅とか、息子のところにも保管しましたね。なんとかなるかなあとは思ってるけど、まだ綱渡りです。でも、店はスタートを切っちゃったじゃないですか。もうやりはじめちゃったから。〝できません〟は通じないからさ」

コロナ禍に戦争。二代目としては波乱の幕開けであり、その精神的負担は少なくないが、昔からのお客さんに支えられてお店は順調に営業を続けている。

「コロナ前は1日に来るお客さんがだいたい100人を超えてました。いまは80人前後かな。2割減です。でもね、よく来てくれてると思う。自分でもダンってすごいなと思う。やっぱりダンマニアがいるからね。2週間に1回は必ずたらこを食べて、たらこのお土産（手作りたらこソースと麺、海苔のセット）まで持って帰るひともいるし。あとは、グラスの水がなくなったから注ごうとしたら〝口の中で余韻を味わいたいから〟って断るひともいる（笑）。ね、ダンすごいのよ！」

ダンすごい。シンプルな言葉に込められた愛に思わずグッときた。自分だけではなく、家族の生き方、働き方を変えてまでダンを存続させようとした島崎さんを、もう絶対に応援したい。経営者が替わったせいで「味が落ちた」と言われることもあるそうだが、ここまでの話を読んでくれたみなさんなら、お店の味を守るべく修行してきた島崎さんに限ってそんなことはないと信じてくれるだろう。足繁く通う常連さんたちは、先代の味がちゃんと守られているのをよくわかっているようで、「味は変わってないから大丈夫。頑張ってね」「ここのたらこスパゲティがなくなっちゃうと、どこへ食べに行っていいかわからない」と声をかけてくれるのだとか。ああよかった。わかるひとは、ちゃんとわかっている。

たらこスパゲティのネオ日本食らしさ

ところで、たらこスパゲティの歴史を調べると、かなりの確率でスパゲティ専門店「壁の穴」が起源だという記述にぶつかる。壁の穴の常連客がキャビアのスパゲティを作ってほしいとシェフに持ちかけ、それ自体はおいしかったものの、もっと手近で安価な材料で代用できないか試行錯誤した結果、たらこスパゲティが誕生したのだと。この件について、島崎さんは

たらこイクラ大根おろし

先代からこんな話を聞いていた。

「先代も壁の穴で食べて〝これだ！〟となったみたいです。たらこスパゲティって、炒めなくていいじゃないですか。先代は最初、炒め物ばっかりやってたみたいなので〝これは混ぜるだけだから手数がかからない、イケるぞ〟って感じだったみたい。でも、当たり前ですけど壁の穴のレシピはぜんぜんわからないじゃないですか。だから、味つけは自分で工夫して、開発していったって。壁の穴で食べたことがあるお客さんも〝あそこのとはぜんぜん違うよ〟って言いますね」

話を聞きながら、わたしは静かに感動していた。〝ああ、とてもネオ日本食らしいな〟と。かつてスパゲティ・ナポリタンが横浜の「ホテルニューグランド」から全国へ広まっていったように、たらこスパゲティもまた、壁の穴を中心に全国へと広まっていったのだ。拡散の過程で、それぞれのシェフが独自のアレンジを加えるから、全国区になる頃には元祖の味と違う味や見た目になっている。

そうやって元祖から遠ざかっていく進化・発展ぶりがネオ日本食のおもしろいところだ。厳格に守られるべきレシピがあるというわけではなく、それぞれがおいしいと感じる作り方をしてかまわない。たとえば、ナポリタンの場合、元祖の味はどちらかというと本場イタリアっぽいトマトソースのスパゲティであり、ケチャップと油で唇がてらてらするような、あのこってり感はぜんぜんない。つまり元祖より後発のほうがスタンダードになった格好だ。それと同じで、ダンのたらこスパゲティも、壁の穴をきっかけとはしているが、最終的にお店オリジナルのレシピを作るに至っている。だいたい、さっきも書いたがダンのスパゲティには大根の漬物がついてくるのだ(春夏はぬか漬け、秋冬はたくあん)。しかもそこにゆかりやYUZUSCOをふりかけて食べようというのだから、ネオらせ力がハンパない(しかもめちゃくちゃおいしくてビビる)。先代の発想は本当に自由だ。

「ダンのメニューは、和出汁ベースのものが多いんです。だから合うだろうということで、ゆかりを出すようになったみたい。ゆずは、ここ目黒でさんま祭をやっている関係で、徳島の神山町から1年に1回ゆずを送ってきてくれるのね。その流れでゆずのタバスコがあるよって聞いて、YUZUSCOを置きはじめたんです」

元祖・壁の穴を踏襲しようと思ったら、こうはならない。だが、それで構わない。己の信じるおいしさを指針に改良を繰り返すことで、すばらしいネオ日本食が生まれるのだから。

先代からパパ友の二代目、そして二代目夫婦での経営へ――ダンの歴史は、家族や仲間を思う気持ちに彩られている。そんなことを考えていたら、島崎さんが店名の由来について教えてくれた。

「ダンはね、〝dan〟って書くんですけど、ラテン語にルーツがあって〝家族〟とか〝家庭〟という意味なんです」

DAN
MEGURO
dan
店内禁煙
創業 1976年
スパゲティ ダン
スパゲティ
専門店
ダン
営業中
1976年

とてもいい話である。名は体を表す、とはまさにこのことか。ダンに集う人々はたしかにひとつのファミリーを形成しているではないか。よし、この部分を原稿の締めに使うぞ、とか思っていたのだが、続きの話が意外すぎた。

「ダンが開店した1976年頃って〝VAN〟とか〝JUN〟とか、そういう3文字の名前が流行ってたから、それに引っかけてダンにしたっていう。最初は〝メゾン ド ダン〟だったんだけど、それはすぐにやめたって(笑)」

オシャレな若者が闊歩する東京に開店したスパゲティ屋の名前がダン——着るならVANやJUN、食べるならダンはどうですか?といったところだろうか。きざみ海苔やゆかりにイメージを持っていかれて、70年代のたらこスパゲティがまとうオシャレな雰囲気をうっかり見逃すところだった。あぶないあぶない。

(2022年5月14日)

付記。2024年2月現在、たらこ・明太子関連のスパゲティは43種類(全49種類中)に!

コラム

ナポリタン好きの保守性

ネオ日本食のことを調べていくうち、作るひとだけでなく、食べるひとのほうも気になり始めた。ネオ日本食が好きであちこち食べ歩いているひとと語り合ってみたい。そう考えたとき、ぜひともお目にかかりたいと思ったのが、THE COLLECTORSの古市コータローさんだった。コータローさんは、メジャーデビュー30年超のベテランバンドマン。そして、KOTARO AND THE BIZARRE MENでは、コータローさんがギターボーカルで、わたしの夫・MOBYがドラムを担当しているというご縁もある。そして、なにより街場のグルメにめちゃくちゃ詳しいのである。ネオ日本食についても、きっと一家言あるはず……！

古市　「ぎょうざの満洲」もそうだし、「ココイチ（カレーハウスCoCo壱番屋）」のカレーもそう。あれ全部日本食ですからね。日本はそうやって海外のものを取り入れて、独自のものを作ってきた。外国人だってオイルべたべたのスパゲティを食べてみたいんじゃないかな？　茹でて一晩寝かした麺をたっぷりの油で炒めたナポリタンのおいしさはわかるでしょきっと。

——本場の味と遠くかけ離れていても「そういうもんだ」と思って食べたらおいしいんじゃないかとわたしも思うんですよね。日本に来たら寿司とか天ぷらだけじゃなく、ナポリタンも食べてほしいです。

古市　ナポリタンは「スパゲッティーのパンチョ」がいいね。

——オススメですか。

古市　うん。食感がいいんだよね。ちょっとモサモサしてる感じがさ。

——敢えてのモサモサですよね、わかります(笑)。

古市　基本的に「3口で飽きてこそナポリタン」だからね。

——名言が出ましたね。

古市　そんぐらいの付き合いじゃないとダメなんですよ。

——最後のひと口までおいしいとか、そういうのは要らないと。

古市　すき焼きだって、一発目はうまいよ?　でもさあ……。

——あとは「余韻」ってことですね。

古市　ライブだって1曲目だよ。

——ミュージシャンに言われるとものすごい真実味が(笑)。


(トミヤマユキコ「ネオ日本食ノート」第27回、リトルモア・note)

「3口で飽きてこそナポリタン」……一見ディスってるようだが、けっしてそうではない。3口で飽きるとかモサモサしていると言いながらも食べている(お気に入りの店まである)時点で、ぜんぜん嫌いじゃないのだ。だけど食べたら飽きるのだ(笑)。コータローさんにとってナポリタンの魅力とは、食べた瞬間、口の中にわーっと広がるあのジャンクな風味にこそあるのではないか。あの一瞬に賭けるコータローさんだからこそ、あとは余韻であり、モサモサでもいいのだろう。ライブとの共通点が指摘されているが、1曲目さえよければ、最後まで楽しめちゃうライブはあるし、べつに全曲最高である必要などない。それって、単純な好き/嫌いを超えたところにある何かに心を摑まれているということなんじゃないかと思う。

ちなみにわたしは、冷凍食品のナポリタンをよく食べるのだが、店でやったら引かれるレベルでタバスコとチーズをかけ、ギトギトにするのが大好きだ（背徳感とカロリーがすごい）。コータローさんと違って、3口で飽きることはない。むしろ最後のひと口までジャンクな味が等速直線運動のように続いていくのをたのしむのだ。そうやって黙々と食べるうちに、頭の回転がどんどんゆっくりになり、何か考えているようで何も考えていない、至福の時間がやってくる。大袈裟に言うなら、ニルヴァーナ（涅槃）。その境地に至りたくて、ナポリタンを食べているようなところがある。

世の中には、おいしいナポリタンも、そのおいしい食べ方もいろいろとあるはずだが、どういうわけか、別の方法を試そうと思うことは滅多にない。気づけば冷凍ナポリタンを買い、ギトギトにしている。ふだんネオ日本食に対して「どんどんネオっていこう！」「あれもこれも気になる！」という態度でいる革新派のわたしも、ことナポリタンに関してはとてつもなく保守派なのかも（あとは仕事場の近所にある三軒茶屋の喫茶店「セブン」でオムライスとナポリタンが融合した「オムナポ」をたまに頼むくらいのものです）。ナポリタンが好きなひとは誰しも心の中に「自分にとってのナポリタン」を持っているんじゃないだろうか。それはあくまで自分にとっての理想であって、他のひとに押し付けるようなものではない。あと、蕎麦などと違って、どれが粋でどれが野暮とかもない。自分にとってのベストがあるだけ。でも、理想とかベストとか言うわりに、しばらく食べなくても平気だったりするのがナポリタン。熱烈なだけが、愛の正解ではない。細く長く、永遠に愛し続けよう。

「ランチパック」という
ネオ日本食発生装置

山崎製パン株式会社（岩本町）

いい風が吹いている

食パンや菓子パンの話を聞きたい。この本を作ると決めたときからそう思っていた。甘みやふわふわの食感が重視されている食パン。カスタードクリームからソース焼きそばまでなんでも包み込んでしまう菓子パン。いずれも海外由来のバゲットやサンドイッチとは明らかに異なる食べ物＝ネオ日本食である。わたしたちにとってはもはや日常なので違和感はないが、本場のひとから見ればとても不思議なパンだろう。

そんな日本のパンの代表格は、山崎製パンの「ランチパック」だとわたしは思っている。ネオ日本食である食パンで具材を包み込む形状がユニークなのはもとより、具材もピーナッツやたまごといったシンプルなところから、企業やテレビ番組とコラボした変わり種まで大変バラエティに富んでいる。ちなみに、この原稿を書いている時点で販売中のものだと、「ほうじ茶ラテ風」「和風明太パスタ」「ラザニア風とチキングラタン風」「小倉&マーガリン」あたりがいいネオり具合である。和なのか洋なのか。パンなのか麺なのか。食べる者をちょっとした混乱に陥れながらも、「おいしければヨシ」とねじ伏せてくる感じがたまらない。

そして、やたらと「風」が吹いている点にも注目してほしい。いまはなき神保町の居酒屋「酔の助」(P190参照)の名作メニュー「若鶏の北京ダック風」(小麦粉でできた薄皮で、鶏唐揚げときゅうりなどの野菜を甘味噌と一緒に巻いて食べる)や「つぶ貝のエスカルゴ風」(にんにくが効いている。貝殻に入っていないので食べやすい)が雄弁に語っているが、ネオ日本食には、本場の味とはちょっと違うかもしれないものを「○○風」という言葉によって独自解釈し続けてきた歴史がある。風が吹くのは、ネオ日本食の宿命と言ってもいい。

ランチパックもまた数々の風を吹かせてきた――「タコス風ミート&チーズ」「餃子風とジャージャー麺」「テリヤキハンバーグとクラムチャウダー風」「豚肉の赤ワイン煮込み風」「オムライス風味とドリア風味」――とてもいい風が吹いている。

個人商店でガラパゴス的にネオっていく食べ物はたくさんあるけれど、誰もが知る大企業の商品がこれだけネオれているのは、やはり貴重だと思う。どうしても関係者に会って話を聞きたい。取材依頼し、祈るような気持ちで待っていたら、OKの返事が来た。

上・「ランチパック３種のおいしさ（やきそば・カレー・たまご）」、
下・「和風明太パスタ」

上・「小倉＆マーガリン」、下・各種パッケージ

ランチパックの生態系

東京都千代田区岩本町にある山崎製パン（以下ヤマザキ）の本社に到着し、会議スペースのあるフロアに通されると、白いジャケットを着た男性社員がたくさん行き交っていた。この白はどう考えてもパンの白。左胸と前身頃の裾のところに縫い付けられた四角いパッチポケットも耳を落とした食パンみたい。パンの会社が作るパンみたいなジャケット。かわいすぎる。オリジナルグッズとして売ってほしい。

聞けばこのジャケットはやはりパンをイメージして作られたもので、本社で男性社員がお客さま対応をするときに着替えるのだという。わたしも袖を通してみたかったが、初対面でそこまで図々しくはなれず、生地だけ触らせてもらった（思ったより分厚くてしっかりした生地なのがまたパンっぽくてよかったです）。

今回取材に応じてくださったのは、開発担当者である保田高宏さんと寺﨑珠里さんのおふたり。ランチパック歴の長い保田さんと、最近チームに入ったばかりの寺﨑さんによる先輩後輩コンビだ。

保田さんによれば発売当初のランチパックは数あるパンの中のひとつに過ぎなかったという。

「主力商品である食パンを手軽に食べてもらいたいという思いでスタートさせた商品がまさかここまで大きくなるとは思っていなかったんです。いまでこそ地域限定商品も含めて70種類とかありますけど、1984年に発売された最初のランチパックは4種類でした。それもあんぱんやソーセージパン、クリームパンなどのラインナップの中のひとつという位置付けでした」

その他大勢のパンに紛れる形で発売されたランチパックは、パン生地やスライス方法の改良を繰り返しながら細く長く売れ続けていたが、2006年からはじめたテレビCMやパッケージデザイン統一などのブランディング戦略が成功し、大ヒット商品となる。

「そもそものきっかけは、東京駅の売店にランチパックを置いてもらったことでした。ありがたいことに大好評だったんです。それで潜在的なニーズがあるんじゃないかと考え、ブランディングを行うことになりました。忙しい仕事の合間にぱくっと食べられて、かばんに入れても潰れないので〝ケータイするランチ〟というコピーをつけたのですが、そこからは生産ラインもどんどん動きだしました」（保田）

ランチパックがあまりに身近すぎて、ずっと売れているものと思っていたけれど、大ヒット商品になったのはブランディングのおかげだったのか（過去のCMだと剛力彩芽さんの歌とダンスが記憶に残っています。そして剛力時代のコピーは〝自由型ランチ〟でしたね）。

ブランディングが進み、売上が伸びたことで、種類もどんどん増えていった。ランチパックのホームページを見ると、新発売と終売のお知らせが入り乱れているのがわかる。スタッフが大勢いるならなんとかなるかもしれないが、ランチパックの担当は保田さん寺﨑さんの他にあとひとりしかいない（少数精鋭！）。これはけっこう大変なんじゃないだろうか。

「大変ですね(笑)。全国発売される新商品は、毎月4、5品くらい出しています。ランチパック以外の商品も手掛けながら考えないといけないので、正直忙しいです。いっぱい新商品を出しているという印象があると思うのですが、これは僕らが考える毎月の4、5品に加えて、各工場が独自に考える商品があるからです」

レギュラー商品に加えて本社発案の全国発売商品と工場発案の地域限定品。これらが発売されては淘汰されて……を繰り返すことによりランチパックの生態系が完成するわけだが、どれだけ種類が増えようとも、たまご、ピーナッツ、ツナマヨネーズの「三強」は変わらないという(この3種で約4割の売上シェア)。

「不動ですね。僕らは基本的に全国発売の新商品を考えている部隊ですから、この三強に食い込んでいける商品を考えないといけないのですが、なかなか難しいです。発売から2ヶ月というのがひとつの壁になっていて、そこを超えて売れ続ける商品はそんなに多くない。『メンチカツ』が12年で『ハム&エッグ』が7年くらいの商品なんですけど、そういう商品はすごく珍しいです」

三強ってそんなに強いのか。定番になれる具材っ

て、もうちょっとありそうなものなのに。保田さんによると、「ポテトサラダ」も定番になりそうでなれなかった悔しさがあるという。

「ポテサラを7、8年前に出していたんです。当時は第四の柱にすることを目指していました。きっかけは、製品開発の大先輩からの猛プッシュだったんです。僕的には、ポテサラってお弁当の中でもちょっとオマケのおかずかなと思っていて。もちろん好きだけど主役にはならないのでは?って。でも〝ポテサラ、絶対いけるから!〟と宿題を出されてしまったので、〝じゃあやります!〟と(笑)。試作は20回くらいやりました。みんなが作ったポテサラを持ち寄ったりもしましたし、ポテサラ調査のために居酒屋も行きましたね。かなり気合を入れたのですが、残念ながら長くは続きませんでした」

ポテサラは食パンに合うし、サンドイッチの具材になっているのを見たこともある。ランチパックにする上でこれといった欠点はなさそうなのに、この苦戦ぶりは一体どういうことなのか。三強おそるべし。ポテサラ好きの大先輩も、さぞ悔しかったに違いない。

「製造ラインに立つ者は開発する意識を持つ」

ポテサラの苦労話がおもしろかったので、他にも何かありませんかとおねだりしたら、

「チャーハン風」が大変だったという話が出てきた。

「やっぱり、ご飯は難しいです。パンにカレーは入れるけど、ライスは入れないですからね。とあるテレビ番組とのコラボ商品で、〝どうしても〟ということだったので頑張ったんですけど、あれは難しかった。反省は他にもいろいろありますね」（保田）

こうなってくるともう、あまり奇をてらわずに三強だけ売ったほうがよさそうなものだが「売上を確保するためには、新商品の売上も大事」「新商品を出さなかった月がないからわからないですけどいまの比率が黄金比だと思います」（保田）とのこと。新しい試みを続けるからこそ、ランチパック全体が好調をキープできるということのようだ。

そしてネオ日本食的には、この試行錯誤こそが新たな商品を生み出すとても大事なきっかけになる。「壁の穴」の常連客がキャビアのスパゲティをリクエストしたら、それが試行錯誤を経て和風たらこスパになったように。ほんと、岩下の新生姜とのコラボ（ランチパック「キーマカレー」岩下の新生姜）とか、どうやったら思いつくんだろう。食パンと新生姜で何かできるかもって、どうやったら思えるんだろう。発想が自由かつ柔軟すぎる。

「本当に柔軟だと僕らも思いました」

なんと保田さんも同じことを思っていた。この客観的な目線は、ヤマザキ独特の商品開発の流れからきているのだろう。

「全国発売する商品については、僕らで会議を行って修正したりボツにしたりはもちろんあるんですけど、岩下の新生姜のような工場発案の商品は、工場の裁量で決めています。企画内容の連絡はきますけど、基本的には手出ししないで見守ります」

このような仕組みがとられるのは、それぞれの工場で開発を担当するスタッフを尊重しているからだ。また、工場ごとに販売エリアが決まっていて、その地域の需要を吸い上げる「エリアマーケティング」を大切にしているということもある。

「工場が開発を担当して、自発的にやってもらうほうが売るときも盛り上がるし、一体感も出るんじゃないかと思っています」（寺﨑）

「当社は、〝製造ラインに立つ者は開発する意識を持つ〟という考え方があります。製造ラインを見ているからわかることがあったりするので。単純に作るだけじゃなくて、日々の出荷をしながら新しいことをつねに考えています」（保田）

ヤマザキでは、作るひとと考えるひとを分けるのではなく、作りながら考えるのが当たり前。だから保田さんのような本社の営業部門の社員も、最初から本社勤務ではない。保田さんの場合は、パントラックでの納品作業やスーパーの営業担当、工場での製品開発担当を経てから本社にやってきた（女性はパントラックの代わりに量販店での試食販売などをやるそうです）。

みんなに現場感覚があるということは、消費者との距離も近いということ。それは保田さんの「一般の消費者の感覚を忘れないようにしています」という発言からもよくわかる。いい商品を生み出すには、プロとアマの感覚を両方持っていることが大事なのだろう。

ヤマザキの包容力

組織が大きくなればなるほど一元管理をしてリスクを回避する、みたいなことになりがちだが、ヤマザキではそれをしない。保田さんによると、そのせいで企画が被ったりもするそうで。

「ピスタチオクリーム味の企画が、全国で3つくらい出たことがありました。熊本、埼玉、古河工場だったんですが、発売エリアも発売時期も違っていたので、工場のアイデアを尊重しました」

これだけピスタチオが人気ということは、いったん本社で引き取り、全国発売に向けて一本化してもよさそうなものだが、そうはしないで各工場に任せ

ているのが本当に大らかですばらしい。こういうことが起こったときに、細かく言いすぎず見守るのって、できそうでできないことだと思う。なんていい会社なんだ。わたしが就活生だったらいますぐエントリーしたい。

「全国の工場に協力してもらって『プロ野球ランチパック』を作ったときは、カレーが被りました。東北楽天ゴールデンイーグルスさんが『牛タン入りカレー』で、横浜ＤｅＮＡベイスターズさんは寮で出している『青星寮カレー』。埼玉西武ライオンズさんも選手寮で提供されている『若獅子カレー』と、３球団がカレーだったんです。でも、変更はしなかったですね」（保田）

こうした包容力はネオ日本食が広まっていくための必須条件でもある。各料理人が「おいしければヨシ」の精神で新しいレシピを考案し、周囲もそれを「おいしければヨシ」の精神で許容する。Ｔｙｐｉｃａのパフェを取材したときも、周りを気にせず伸び伸び作ることの大事さを痛感した。客のほうも常識よりも好奇心を優先して、食べてみておいしかったら「こういうのもアリ！」と言っていくと、本当にアリな空気になっていく。したがって「食パンに合う」という原則だけ守っておいて、あとは尖ったアイデアが出てこようが、ネタが被ろうが、ひとまず見守るランチパックの開発方法は正解なのである。

ヤマザキの商品開発体制に感激してしまって、「いやもう、ほんとにすごいです！　絶対にこのやり方を変えないでください！」と懇願するわたしは、完全にランチパックを推す強火のおたくである。お願いだからどうかそのままの体制でいてほしい……。一度ちゃんとすると決めてしまうと、二度とゆるくはできないのが組織というもの。うっかり破壊してしまったら元には戻らないであろうランチパックの生態系をこれからも守り続けてほしい。

横二のやり方

個性的なランチパックが生まれる背景には、発想力に富んだ社員の存在もあるに違いない。そう思って聞いてみると、

「横浜第二工場にいます（即答）」

——やっぱりいた。寺崎さんによると、女性だという。

「ふつう横浜の工場だったら、横浜市産の野菜とか、地産地消的なものに目がいくと思います。でもその方は横浜にこだわらないで、あちらこちらに飛び込んでいくんです。たとえば『いきなり！ステーキ』さんに話を持っていって、一緒にやりましょうとか。『ゴーゴーカレー』さんとも作りましたね。本店は金沢で、これも横浜は関係ないんですけど。結果、北陸エリアをカバーしている名古屋工場も関わることになりました」

横浜なのになぜ、というのはもはや愚問。おもしろそうな企画ならどんどん進めていくし、

周囲の工場も巻き込んでいくのが「横二」こと横浜第二工場のやり方。そして、この横二の女性が管理職などではないというのも夢がある。偉いひとだからそういう無茶ができるんです、という話じゃないのがすごくいい。みんなが伸び伸び働ける工場っていいなあ、会議とか覗きたいなあ。

「ハワイアン航空とコラボしたこともあるんです。横浜とハワイは昔からご縁があって、横浜からハワイに移住された方がたくさんいるという話を聞いたそうです。それで、ハワイアン航空に行ったら、ＯＫがもらえて。これは最終的に本社も関わる形で『ロコモコ風とマカロニサラダ』とハワイの定番デザートである『ハウピア風』を作って全国展開しました」（寺﨑）

ちなみに、ハワイアン航空との企画なのに保田さん寺﨑さんが一度もハワイに行くことなくロコモコやハウピアのランチパックを完成させているのもネオ日本食らしさがあって好きだ。これには開発当時コロナ禍で移動がしづらかったという理由があるし、日本のハワイ料理店には何度も通って研究しているわけだが、ネオ日本食にとって重要なのはただ〝なぞる〟ことじゃないと、わたしは思っている。あのスパゲティ・ナポリタンだって、もともとはトマトソースを使っていたところを、手に入りやすいケチャップを使ってそれっぽく（そしておいしく）仕上げたシェフたちがいたからここまで定着したのだ。日本にいて、日本にあるもので、おいしくする。時代も状況も違うけれど、根本的にやっていることは同じである。

「概念」をも包む力

変わり種の商品は、まだまだある。

「今年（2022年2月）『ペコポコチョコレート入れちゃいました』という商品を出しました。不二家のペコちゃんポコちゃんの顔をしたチョコレートをそのまま入れた商品ですけど、ペコちゃんポコちゃんがホイップに〝生き埋めになってる〟ように見えるとかなり話題になりました。もちろんその意図はまったくなかったのですが（笑）。あのときは予想の倍ぐらい売れましたね」（保田）

意図的ではなかったとはいえ「生き埋めになってる」のは珍しいし、見たいと思わされる。具材をアップデートするだけでなく、すでにある具材の組み合わせで何ができるか考えるのもランチパックの得意技だ。これが発展していったのが、わたしが個人的に「概念」と呼んでいる商品群である。中でもお気に入りは、アニメ作品とのコラボ商品。たとえば『エヴァンゲリオン』とコラボしたランチパックは、パンの色が紫と緑だ。これはエヴァ初号機が紫×緑のカラーリングであるところから来ている。『呪術廻戦』であれば、五条悟というキャラクターが操る術式「茈（むらさき）」にちなんで、苺ジャムとブルーベリージャムを採用している（赤と青を混ぜたら紫色ですもんね）。キャラの好物でもなければ、作中に出てくる料理でもない。だから「概念を包んでいる」としか言いようがないのだが、わたしはこの「概念」がけっこう好きなのだ。

作品やキャラのイメージをなんらかの具材に置き換えてみせる「概念」の手法は、ランチパックの未来を担う新機軸だと思う。食パンに合うもの、という縛りの中でユニークな食材を探し求めるのもいいが、いつか限界が来るだろう。ならばこれからは既存の具材をうまく使いながら「解釈の力」で消費者を楽しませていくのもアリなのでは。そうすることで、ランチパックはよりエンタメ性を増すに違いない。

冒頭でも書いたように、ネオ日本食には「〇〇風」という言葉による独自解釈を武器にここまでやってきた歴史がある。そしてランチパックにもその傾向がはっきりと見てとれる。

「ネーミングについては、社内ルールに則って決めています。先ほど『チャーハン風』の話をしましたが、開発をしていく中でどうしても〝炒めずに炊く〟選択をした結果〝風〟を付けました。もちろん味の再現はおろそかにしませんが、お客さんに対して嘘があってもいけない。でも、物作りをする立場としては〝〇〇風〟が嫌だったりもするんです、本来は」(保田)

製法上の理由などがあって「〇〇です」と言い切れないものを、やむにやまれず「〇〇風」と言い換えることに抵抗を覚えるのもわからなくはない。しかし、そうは言ってもやはり解釈こそがネオ日本食を強力に発展させていく力だと思ってしまうわたしなのだった。なので「〝〇〇風〟とか言うくらいなら作らない、じゃなくて、〝〇〇風〟でもいいじゃないか、って感じで作ってくれるのがうれしいんですよ！　だからぜひプラスに捉えてほしくて！(必死)」

と訴えたところ、おふたりから「ありがたい」（寺崎）「おもしろみで言ったら、たしかにそうですね」（保田）と言ってもらえた。わたしの話に合わせてくれただけかもしれないけれど、この本が完成して全部を読んでもらえたら、きっとわかってくれるだろう。風を吹かせることが日本の食文化をいかに豊かにしてきたかを……。

後ろめたさなんか感じないで、これからもあらゆるものを食パンで包んでくれたら、強火のおたくとしてはありがたい。おもしろい具材でもいいし、おもしろい概念でもいい。ランチパックが日本にしかない、おもしろくておいしいパンであり続けますように！

付記。文中のランチパックは、小倉＆マーガリン／3種のおいしさ／たまご／ピーナッツ／ツナマヨネーズ／メンチカツ／ハム＆エッグを除き、２０２４年2月現在販売終了しています。

（２０２２年11月29日）

ホイスはウイスキーのネオ日本食なのか？

有限会社ジィ・ティ・ユー（白金）

ネオ日本「酒」

みなさんは「割り材」というものをご存じだろうか。辞書を引くと「酒を割って飲むための炭酸水や果汁など」(『デジタル大辞泉』小学館）と書いてあって、もちろんそれで合っているんだろうけど、なんだかしっくりこない。というのも、長いこと大衆酒場に出入りしているわたしのような呑兵衛が割り材と言われて思い浮かべるのは、サワーやハイボールやチューハイに使われる専用のエキスだからだ。分類上はノンアルコールの清涼飲料水だけど、そのまま飲んだりはせず、何かを割るやつ。これこそが呑兵衛にとっての割り材である。そして呑兵衛には、お気に入りの割り材というものが必ずあるものなのだ。

割り材の多くは、戦後のドサクサ期に誕生し、質のいい酒（とくに洋酒）がなかなか入手できない中で人気を獲得していった。ビールがなくても、ホッピーがあるじゃないか。ウイスキーでハイボールは作れなくても、焼酎を使ったチューハイがあるじゃないか。割り材を用いて作る「代用品としての酒」は、こうして庶民のささやかな幸せを支えたのだった。

おもしろいのは、戦後の食糧難が落ち着き、本物が飲めるようになってもなお割り材は生き残り、それどころか日常にすっかり溶け込んでいるということ。代用品だからと邪険に扱われることもなく、おいしい飲み物として楽しまれている。本格的なイタリアンパスタが食べられる世の中になってもナポリタンが愛されているように、洋酒が難なく手に入る世の中になろうとも、割り材は健在。というわけで、割り材もまた立派なネオ日本食（酒）なのである。

そんな割り材の中でも、わたしがとくに気になっているのが「ホイス」だ。ＷＨＩＳＫＹの頭４字をもじってホイスと命名された経緯があるそうで、これで焼酎を割り、炭酸を加えるとウイスキーハイボールっぽいお酒が完成するのだけれど、飲むほどに「ホイス味」としか言いようがない、独自のおいしさがクセになってくる。大衆酒場でホイスを初めて飲んだとき、ほのかな薬草のフレーバーと、とても繊細でスッと消えるような苦みに「知らない味だけど、なんかおいしい！」と思ったことをいまもよく覚えている。

ホイスは、誰が、いつ、どうやって作ったのだろう。ホイスの製造・販売元、東京都港区白金にある有限会社ジィ・ティ・ユー（２００５年に法人化、旧・後藤商店）にお邪魔した。

後藤社長が作ってくれたホイス。きれい！　そしてうまい！

創業者・後藤武夫の才覚

インタビューに応じてくださった後藤竜馬さんは、有限会社ジィ・ティ・ユーの三代目。高校生時代、会社がまだ後藤商店を名乗っていた頃にアルバイトとして入ったのが働きはじめというから、キャリアはずいぶん長いけれど、正式に三代目になったのは、2020年のことだ。新型コロナウイルスによって世の中が大きく変わりゆくまさにその渦中で、会社を切り盛りしてきたという。新社長にはホイスだけでなく、後藤家のファミリーヒストリーについてもお聞かせいただきたいですと伝えると、「創業からだと90年くらいになるので長いですよ（笑）」と言いながら、初代である祖父の武夫さんのことから話してくださった。

「僕のおじいさんにあたる創業者の後藤武夫さんが、とても頭のいいひとだったみたいで。僕が生まれたときにはもう亡くなっていたので、会ったことはないんですけど、聞いた話だと東大（旧・帝国大学）に飛び級で入って、辞めて、洋酒を扱う酒屋を開業。その後、妻と番頭に店を任せて海外に行ったらしいです。その当時の一般人は、海外渡航なんて

なかなかできなかったはずなんですけど、大学で知り合った仲間が官僚とか将来の大臣候補みたいな方ばかりだったお陰で、ビザが取得できたようですね」

のっけから武夫さんの主人公感がものすごいことになっている。東大を辞めて起業して海外に飛び出すなんて、まるで冒険モノのオープニングじゃないか。

シベリア鉄道に乗ってソ連からヨーロッパまでずっと旅を続けた武夫さんは、いろいろな国の文化を吸収して帰国する。

「もともと東大に行っていたようなひとなので、語学がすごく堪能になったみたいなんですよ。ソ連からヨーロッパまで旅すると、いろんな国の言葉に出合うじゃないですか、その言葉を全部覚えて帰ってきて、1930年代半ばには洋酒もたくさん輸入していたと聞きます」

パワフルな武夫さんによって華やかなスタートを切った後藤商店だったが、このあと、東京大空襲によって大きな被害を受けることになる。

「全部燃えちゃって、いったん更地になったんですよ。それで戦争が終結して、進駐軍が日本に入ってくるんですが、他の日本人は誰も英語が話せない中、祖父だけは通訳レベルで喋れたんです。だから進駐軍のところに行って、食べ物を分けてもらう交渉をしたりだとか、そういうことができたらしいんですね。当時、芝公園にあった後藤商店の駐車場部分が進駐軍による日本人向けの配給所になっていたというのも、そういう事情があったからでしょう。

それで、さっき〝更地になった〟と言ったんですけど、貴重な洋酒がもったいないからというので、戦争中にかなりの量を地中に埋めていたんです。更地にはなったけど、ウイスキーとかが残ったんですね。当時の進駐軍って、嗜好品の類は現地調達しないといけなかったみたいなんですけど、当然ながら日本には日本酒か、質の悪いお酒しかない。そこで祖父の洋酒が活きてくるわけです。高級なウイスキーを1本出して〝肉と砂糖何キロと交換だ〟みたいな感じで、交渉したそうです。進駐軍の基地に置いてあった廃材とかも使える部分だけ手に入れて数週間で家を建てちゃったりするから、うちだけ復興がすごく早かったと聞いています。

その後、清涼飲料水の製造も手がけるようになります。ただ、最初はお酒の割り材じゃなくて、ジュース類を作っていました。昔の資料を見ると、アメリカのスタンレーという会社と毎月のように英語でやりとりしています。機材を仕入れたり、ジュースの作り方を教わったりしていたようです」

当時、金と同じくらい貴重だと言われた砂糖も他に先駆けて入手できたおかげで、清涼飲料水の製造開始も早かったそうだ。

大学入学からここまで、ドラマティックじゃない瞬間が一秒もない武夫さんの人生。しかもすごいオシャレさんで、銀座を白いスーツ&ハットで歩いていたとか。本当にドラマみたいだな……。

調合室はもちろん立ち入り禁止。この鍋も使うらしいが……。

割り材の誕生

「戦後になると、地方から労働者が大量に入ってくるようになります。ひとはすごく増えたけど、彼らの腹を満たす飲食店はまだそこまで復興していない。簡易的な屋台が出たりしたようですが、お酒だってそんなにいい物は飲めませんでした。みんな安い日本酒とか甲類の焼酎を飲んでいたのを祖父が見て、〝もうちょっとうまい酒を出せないのかな？〟って思ったらしいんですよ。それで『梅乃甘精』という商品を作るんですね。ホイスとは仕上がりがぜんぜん違うんですけど、甲類焼酎をおいしく飲ませるための割り材という意味では、ホイスの前身と言っていいと思います」

大衆酒場に行くひとならご存じであろう「梅割り」の登場だ。梅割りとは一般に「角6勺」と呼ばれる小さなコップに焼酎を入れ、最後に梅

タンクにできあがったホイスは、ホースで下階へ送られる。

風味の割り材をちょっと垂らすという飲み方。こうすると、きつーい焼酎が一瞬にしてまろやかになる。それはもう恐ろしいくらい飲みやすくなるので調子に乗って飲みすぎないよう、お代わりの回数が決まっている店もあるくらいだ(後藤商店以外だと戦前から作られている天羽飲料製造の通称「梅液」こと「天羽の梅」なんかも有名)。

「電気も通っていないような屋台ですから、氷なんてありません。常温のものをどうやっておいしく飲むかっていうので、梅割りがすごく流行ったんです。その当時、後藤商店は芝公園にあって、酒屋として商品を提供するのは主に新橋エリアでした。銀座と新橋ぐらいしか繁華街がない時代に、新橋エリアを押さえていたのは大きかったと思います。お酒の種類がほとんどない時代に、こういう商品が置いてあると、長蛇の列になるんですよ。あっちの店では日本酒と焼酎しか飲めないのに、こっちの店ではこんなにおいしいものが飲める。そうなると、お客さんがみんな集まってきちゃうっていう状態だったみたいですね」

そしてホイスの誕生

後藤商店が梅乃甘精を作った1948年には、コクカ飲料（現・ホッピービバレッジ）がホッピーを発売している。また、天羽飲料製造も52年に「ハイボールＡ」（焼酎ハイボール用のエキス）を発売。この頃から割り材の選択肢はどんどん増えていった。その流れの中でホイスも誕生することになる。

「梅乃甘精が出てから1年後に、祖父はもっとおもしろくて深みのあるものを作ろうと思い立ちます。やっぱり海外渡航中に飲んだ洋酒がおいしかったんだと思うんですよ。それでものすごい量のお酒の知識を頭に入れていた。いまだったらインターネットで調べれば、このお酒の原材料は何かって、すぐにわかると思うんですけど、そういう手段のない時代に何千種類ものお酒の知識を手に入れて帰国しているんですよね。ホイスの原材料についてはあまり詳しく言えないんですけど、シベリア鉄道旅行のライン上にある国々の有名なお酒とかスパイスとかそういうものが全部取り入れられています。お酒で言うと、イタリアンベルモットやアブサン。

他にも漢方とか生薬ですね。それらを武夫さんなりの味覚でおいしく飲めるように調整しているんです」

というこことは、ウイスキーの代用品とはちょっと違うんだろうか。

「ウイスキーに寄せようという考えはあったと思うんですけれど、ウイスキー自体を作ろうとはしていなかったんじゃないでしょうか。香りや味もかなり複雑で、いろんなものを入れてるんですよね。何かの要素を少しでも強くしてしまうと、こういうまとまり方にはならない。いろんな要素が複雑に折り重なっているからこそ、ああいう仕上がりになるんです」

多くのネオ日本食は、日本にいる作り手がときに知識も材料も足りない中でどうにか海外ののものっぽい料理を作ろうとすることによってガラパゴス的なおいしさを生み出してきた。武夫さんがユニークなのは、ウイスキーにただ寄せようとするんじゃなく、むしろ遠くに感じさせる程度にしておき、あとは自分の理想をとことん追求していった点だ。ホイスは武夫さんだからこそ作り得た、本当に特別なネオ日本酒だと思う。

「いろんな国のいろんなものを味わった上で、その情報をぎゅっとまとめたんだと思うんですけど、他のひとだったらまとめきれないほど複雑です。計量してバランスよく調合したつもりでも、それだけじゃひっちゃかめっちゃかな味になります。検査機なんかない時代に自分の頭だけでいろんな解析とか計算ができたひとなんだと思いますね。あと、かなりお酒が飲めたと思います。僕も毎日のように研究してるんですけど、やっぱり人間なんで、飲める量が限ら

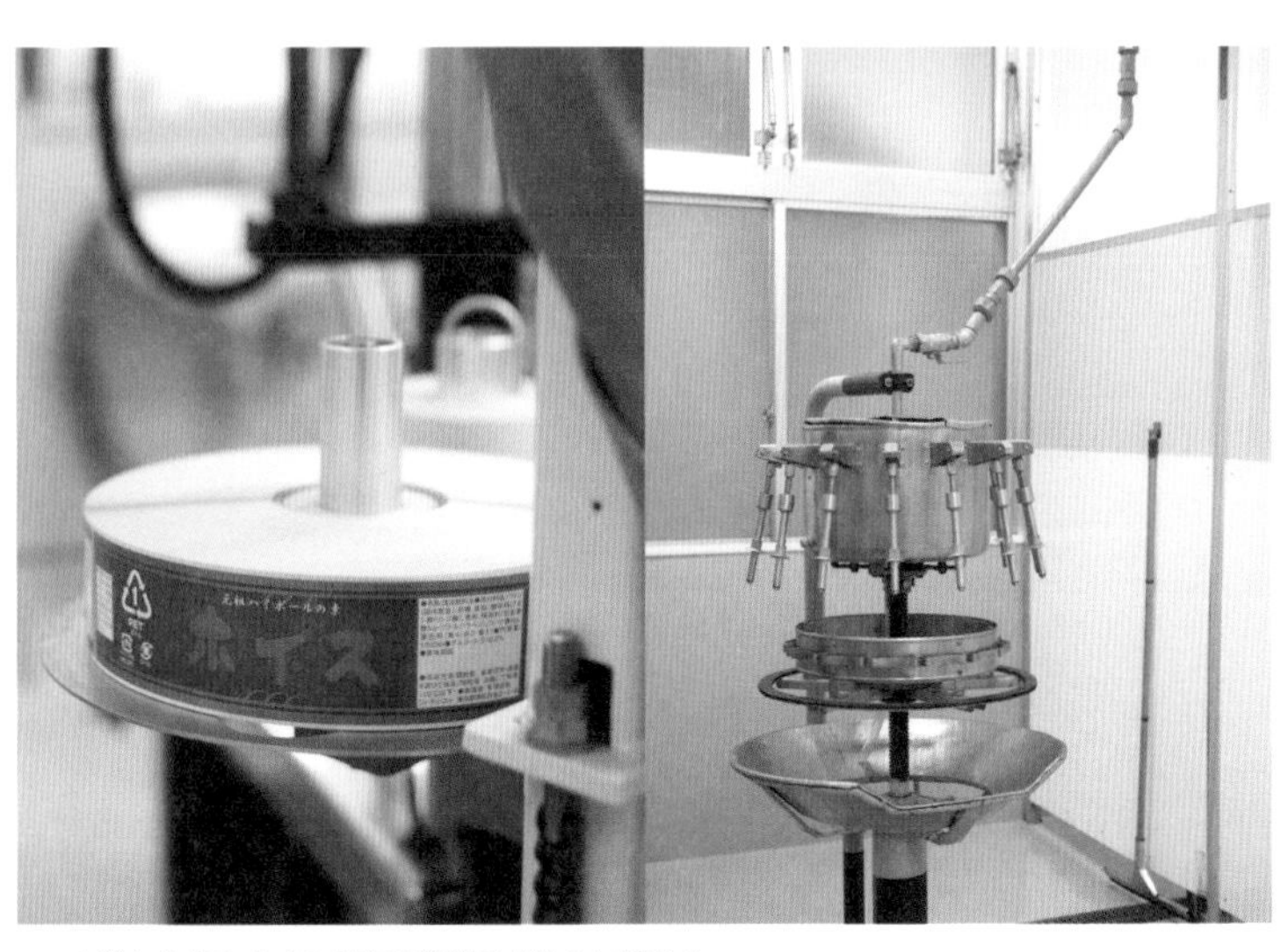

上階から来たホイスを右の装置でボトルに詰める。

れてるじゃないですか。1日2杯ぐらい飲んだら、きょうはもういいかなってなっちゃう(笑)。祖父は、豊富な知識があった上に、お酒も強かった。じゃないと梅乃甘精からたった1年でこれだけのものは作れないと思います」

さらに武夫さんの超人的な能力は、周りのひとまで動かしていく。

「ホイスに入れる炭酸水がないからっていうのでドイツの知り合いに電話して、機械を輸入して、後輩かなんかに工場をやらせた、なんて話もあります」

武夫さんの豪腕伝説がまたしても飛び出した。炭酸水がなければ作ればいい。そりゃそうだけど、誰にでもできることじゃない。

ところで、竜馬さんが話すソ連にはじまりヨーロッパへといたる旅路とホイスの関係は、後藤家に代々語りつがれてきたものではなく、つい最近、

完成。出荷を待つホイスと梅乃甘精。

竜馬さんの調査によって明らかにされたものだった。なんでまた、いまになって？

「いまはもう大丈夫なんですけど、コロナ禍になったばかりの頃、輸入規制とか円安の影響とかで半分くらいの原材料が仕入れられなくなっちゃったんですよ。それで、何か他の材料に置き換えられないかというので、原材料の解析をはじめたんです。なんのためにこの材料を入れているのか、なんのためにこのエッセンスが必要なのか、っていうのを毎日毎日5、6時間かけて、それはもう厳密に調べたんです。そうしたら、あるときハッと気がついたんですね、これはシベリア鉄道の旅をなぞっているぞと。このお酒はこの国の名産だもんな、このスパイスはこの国を通過したからだろうな、というのがどんどんわかってきて。もともと祖父の足跡を追ってはいたんですけど、コロナ禍という危機的状況に陥ったことで、研究のスピードが一気に上がったというのはありますね」

材料が手に入らないことやいつものように仕事ができないことが、こんな新発見に繋がるなんて。しんどいことばかりのコロナ禍で、これはかなり明るいニュースである。ソ連〜ヨーロッパ旅行をぎゅっと濃縮した飲み物なのだとわかって、わたしもうれしい。次にホイスを飲むときは、その旅情も感じ取るようにしたい。

「祖父がホイスを作ってから70年ぐらい経って、やっと祖父の意図が10パーセントぐらい理解できたかな」と竜馬さんは笑う。あと90パーセントも残っているのか。簡単には解けない謎を仕掛ける武夫さんと、それに挑む竜馬さん。やはり後藤家の物語はドラマ化したほうがいいと思う。

二代目・後藤勲の哲学

「いまはコロナ禍のせいで飲食店の全体の売上がちょっと落ちていますから、新しく取り扱いたいというお店があれば、場所さえ悪くなければ受けています。でも、父のときだと、10年間ぐらい断り続けてましたよ」

ちょっと待ってくれ。10年間新規の取り引きを断り続けた二代目？　初代の破天荒ぶりに気を取られていたが、二代目もひょっとしてすごくユニークなひとなのでは……。

「父の後藤勲は、なんて言うんですかね、僕の印象だと、すごく夜行性なひとでしたね。外に出る夜行性ではなくて、夜中に電気だけつけて、静かな部屋でずっと勉強したり、本を読んだりしてるひとでした。なんか文学がすごい好きだったみたいです。東洋大学の哲学科を出ていて、その当時としてはかなり優秀だったらしいです。哲学を学んでいたからか、〝理念〟みたいなものを持っていたようにも思いますね。広告と営業を一切しない社長だったんですよ。現代ではちょっと考えられないことだと思うんですけど、ほんとに一切しない。新規の話も10年ぐらいずっと断る。よくここまで断るなって、僕ですら思ってました(笑)」

なぜそこまで新規開拓に後ろ向きだったのだろうか。その理由は、卸し先について三代目に聞いていく中でわかってきた。

「いまもそうですが、うちは基本的に飲食店相手の酒屋なんですよね。だから発想が現場寄りなんだと思います。ホイスも梅乃甘精も、飲食店以外に売ることはありません。個人の方からもご連絡をいただくことはありますがお断りしています。それが飲食店にとっての付加価値になり、集客に繋がり、お客さんにとっては〝あそこに行けばあれが飲める〟っていう一個の楽しみになればと思っています。

取り引きする飲食店に関しても、どこでもOKではなくて、ホイスを飲んだことがあるっていうのを第一の条件にしています。常連さんに頼まれたから仕入れたいって言われても、一度

飲んでみて、おいしいと感じたらまたご連絡くださいという感じで。というのも、ホイスってやっぱり独特な商品なんですよ。なので、本人がこれはおいしいと思って、どうしても売りたいっていう気持ちがないと、仕入れたところで売れないんです。言ってみればホイスって、好き嫌いがすごくはっきりしちゃう商品なので、オーナーさんが好きでいてくれないと、お客さんにも広まっていかないんですよね」

たしかに好き嫌いは分かれるかもしれない。酒場に行くと、メニュー表のトップにはいつもビールやレモンサワーがいるし、「とりあえずホイス！」となるひともごくまれだ。その意味でホイスは通好みの渋い商品だ。一般向けの販売をせず、飲めるお店もごく限られていることから「幻の酒」の異名を持つことも、ホイスの渋さを物語っている。ならばコアなファンを発掘すべく、ネット販売に踏み切ってもよさそうなものだが、その予定はないという。

「そりゃ、ネットで売ったら儲かりはしますよ（笑）。でもそれをやってしまうと、昔から協力し合ってる取引先の売上が10パーセントとか15パーセントとか下がっちゃう可能性があるじゃないですか。それじゃ申し訳ないし、あくまで飲食店の手助けを優先していこうっていうのがうちの考えです。なので、緊急事態宣言のときはきつかったですよ。飲食店しか取引先がないのに、その飲食店がお酒売っちゃいけないので。応援してくださるお客さんから〝いまだけでも特別に個人に売ったらどうですか〟という話も来たんですけど、お断りしました。飲みに行けるようになったら、ぜひ飲食店に行って飲んであげてくださいってお返事して」

取引先を大事にする徹底した現場主義は、「ホイス」の呼び名にも及ぶ。実は、ホイスをホイスとして売っていないお店がけっこうあるらしいのだ。

「違う名前で出しても別に構わないんですよ。飲食店の売上が一番なので。ホイスという名前を使ったほうが儲かるんであれば、使っていただければいいですし、○○サワーとか○○ハイボールみたいな名前にしたいなら、それでもいいんです」

なんて太っ腹なんだ。そして変名OKということは、巷に「隠れホイス」が存在するということではないか。

「あると思いますよ。隠れホイスもありますし、梅乃甘精なんてほとんどが〝隠れ〟です(笑)。メニューには梅ソーダとか梅割りとかしか書かれていないと思います」

隠れホイスに隠れ梅乃甘精……俄然楽しみになってきた。今度それらしきメニューを見つけたら頼んでみよう。ＲＰＧの隠れアイテムを探すみたいな気持ちで酒場巡りをしたい。

ホイスがホイスであるために

取引先が限定的であることとも関係するが、そもそもホイスは大量生産できるものではない。なぜなら、すべてのホイスを竜馬さんひとりで作っているからだ。コロナ禍前には、週3回の作業で1・8ℓのペットボトル入りホイスを600本製造していたという。単純計算だが、一年間で3万1200本。1本から40杯ほど作れるそうなので、約125万杯分を作っていることになる。125万杯のホイスの元を辿ると、すべて竜馬さんに行き着くというわけだ。とんでもなく壮大な気分になる。

「僕ひとりで作っているので、作れる量には限界があります。誰かにものすごくちゃんと教えたら作れないことはないと思うんですけど、厳格なルールがあって、けっこう難しいんですよ。たとえば、人間の感覚ってどうしてもブレるので、製造する時間を何時から何時までって決めています。作業場の環境が変わるとよくないので、極端に天気が悪くて湿度があったりしたら、今日はちょっと無理だなって判断して、もう作らないですし」

あまりの厳格さにびっくりして「えっ、作らないんですか⁉」と聞き返してしまった。そんなに神経を使うものだと思っていなくて、本当にすみません。大衆酒場でお目にかかることが多いので、気さくなヤツというイメージだったが、実はとても繊細な芸術品なのだ。

「ホイスの原材料って、同じものでもひとつひとつ風味や香り、濃度なんかが違っていて、材料を決められた通りにきちんと計量しても、その調合でできあがったものにはズレが出てきます。気温や湿度も調合するたびに違いますし。だから細かい調整をして、同じ風味・香り・濃度にするっていう作業を毎回やらないといけないんです。どうしたら理想的な状態にできるかというのはマニュアルだけ見ていてもわからない。どうしても最後は感覚に頼らなきゃいけない部分が出てくるんですね。それってやっぱり誰にでもできることじゃないんですよね」

これだけ大変な工程を、ときに自分の感覚を頼りにしながらこなしていかないといけないなんて、本当に頭が下がる。しかもこれ、きちんと文書化された公式の作り方みたいなものは一切受け継いでいないんだとか。

「うちの父は、一部のレシピを教えてくれたぐらいで、あとは、勝手に見てメモれ、みたいな(笑)。僕も必死に勉強しましたね」

めちゃくちゃスパルタ。竜馬さんが勉強熱心で本当によかった。たとえばこれがゆるい感じのネオ日本食だと、代が替わるごとに勝手な「ひとひねり」が入ったりするんだろうが(それはそれでおもしろくはあるのだが)、後藤商店では、代替わりはもとより、薬事法との兼ね合

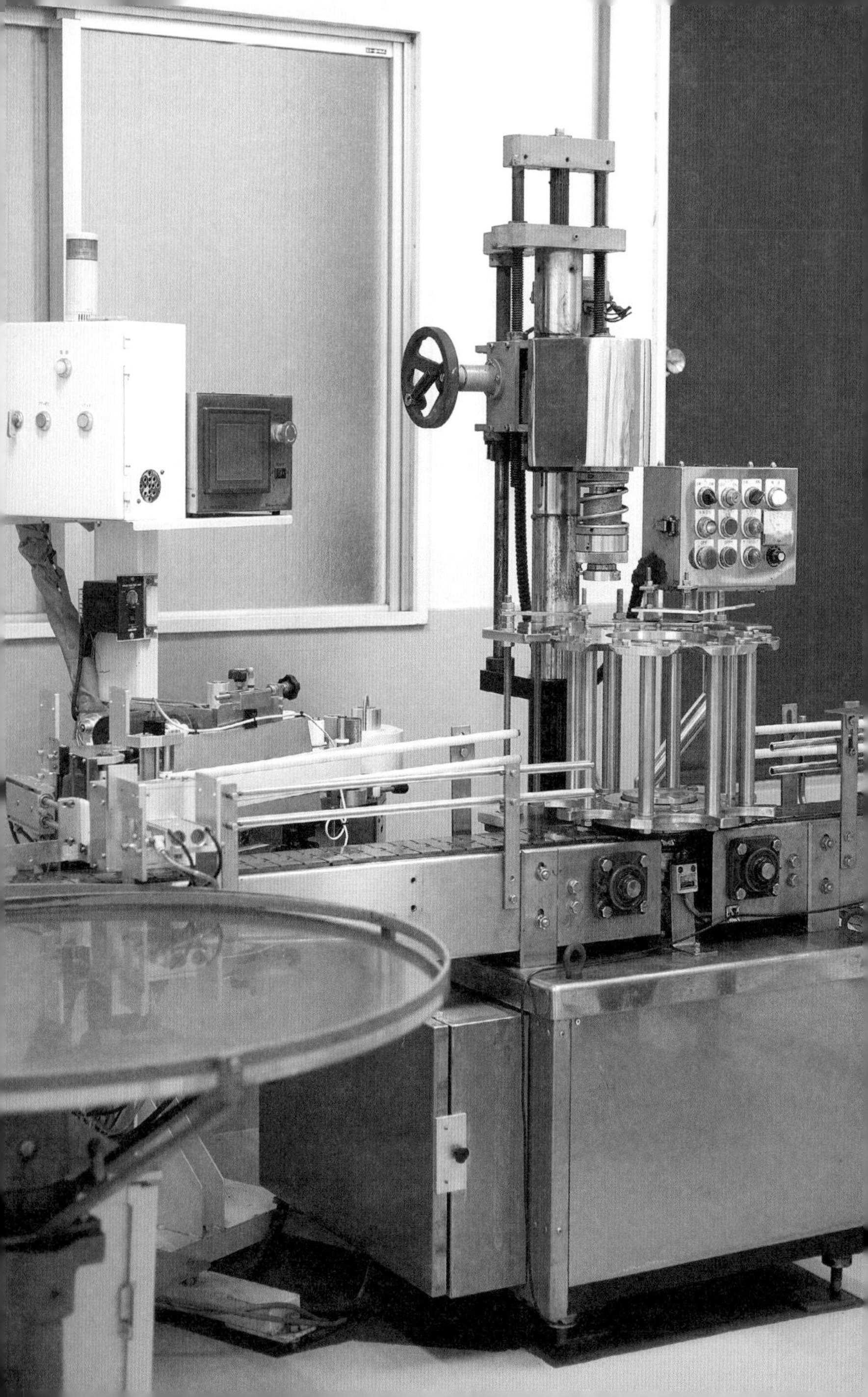

いで材料を変えざるをえなくなったり、原料メーカーが廃業したりして、大きな変化を余儀なくされても、ホイスの基本イメージを損ねないような改良を重ね、「変わっているけど変わっていない」ホイスの味を作り続けている。「少しずつどころじゃないですね。三代の間にものすごく変わってますけど、わからないように変えているんですよ」――ホイスがホイスであり続けるための工夫は続く。いまも、そしてこれからも。

インタビューの最後に、これからの展望について聞いてみた。

「地方を応援してますね。ここから遠いところで頑張ってるお店はぜひ応援したいです。関東エリアだと、ひとつの駅に3軒ぐらいまでしか卸さないんですけど、地方だったらホッピー通りみたいにホイスの飲めるお店がいっぱい並んでるというのも、その土地を盛り上げるためにはいいかなと思いますね。

あとは自分で新商品を作るなら、おもしろい商品を作りたいなと思って。レモンサワーみたいな、すでにある味を作るのはいつでもできるんですけど、やっぱり〝ない味〟を作りたいですね。ホイスみたいに〝これなんの味かわかんないけど、飲んでみたらおいしいな〟という商品を作りたいんで、いろいろ考えてます。まあ、僕の代で完成するかどうかわかんないですけどね」

「ない味」を作るのは大変そうだけど、もしできたら最高にカッコいいし、絶対に飲んでみたい。初代は破天荒な天才、二代目は夜型の哲学者、そして三代目は不屈の研究者。後藤一族のおもしろい歩みがずっと続いてほしいから、お店でじゃんじゃんホイスを飲んで、応援につとめようと思う。

（2023年1月12日）

第一級資料発見！　以下の記事は、後藤竜馬社長が、事務所で見つけました。二代目の勲氏が、父で後藤商店の創業者・武夫氏の姿を、ありありと綴っています。文学が好きだったという勲さんの姿まで、行間に表れています。

「ホイス」の真実　日本で初めてのハイボールの素

後藤勲　後藤商店　代表者

父武夫は数年前に死去した。〝創造〟と人を愛することに情熱を捧げた一生であった。老いのニオイを感じさせず、いつも若々しい精神を横溢させていた。

父は、私が大学生のとき、酒を飲み乍ら度々話をしてくれた。文学、歴史、政治、経済——。私は、そのあまりに深い知識に、驚きを感じることが多かった。

その後、私が父の仕事に従事するようになると、テーマは世界の酒についてまでふくらんだが、惜しいことに私の未熟故に脳裡をかすめただけであった。しかし憶えているのは、まるで地球を小さな玉を扱うかのように、いとも簡単に話を詰めていったことだった。

その父が、今から二十年ほど前に（原文ママ）ハイボールの素「ホイス」を創った。現在の品と比べると未完成品ではあるが核心はついていた。その後、この日本で初めてのハイボールの素は、長い間にわたり、少しずつ改良を重ねながら今日に引き継がれてきた。商売気のない父のことだから、むろん宣伝広告は一切しなかった。

しかし、この「ホイス」は、飲んだ人の好評だけを媒体として伸びてきたのだ。これは「ホイス」自身が持っている不思議な底力であり、独自の価値の証明である。そのことは、西洋的でもあり、東洋的でもあるホイスの味わいの神秘的優美さ——父と懇意にしていたジャーナリスト曰く、「ホイスとは、西洋の経験と風土を和漢の智恵で割ったのだ」という表現の中に、よく象徴されていよう。私はこの言を的を射たものと信じる。

酒を愛し、多くを飲んだ父だから、「ホイス」も、このような父の美学に裏打ちされて、父が自分で飲む為に造ったのではないかと、私は最近つくづく思う様になっている。そして父は、確かに多くを飲んだので、アルコール抜けの悪いものを嫌った。食べものの味を損うものは更に嫌った。同時に爽快感を求めていた。

思えば、父と「ホイス」とは生れながらに符節が合っていたのだ。

私は、氷が揺らぐ美しい琥珀色の液体の中に、父の魂が宿っていることを感じる。——父の本当の息子は、私ではなく、この「ホイス」ではないのか。

（「エコノミックジャーナル」昭和56年5月5日発行／通巻393号、日本経済通信社）

コラム

ネオり街・名古屋

コロナ禍の影響で自宅作業ばかりしていた頃、「ネット環境さえあれば、どこでも仕事はできるんだから、いっそのこと名古屋に住みたいな！」と思っていた。わたしは名古屋に特別な思い入れがある。「名古屋めし」が大好きなのだ。

「なごやめし普及促進協議会」によると、名古屋めしとは「名古屋及び近郊で広く受け入れられ、愛されてきた地域独特のメニュー」であり「家庭や飲食店で広く食されているものです。今後、地域の多くの飲食店で普及し、広く受け入れられるようになったものが、新たな『なごやめし』となる可能性もあります」（なごやめし公式サイト）とのこと。

愛知と言えば八丁味噌なので、名古屋めしにも味噌を使ったメニューが多い。みそ煮込みうどん、みそカツ、どて煮、みそおでん。この中では、みそカツが断トツでネオっている。フランス料理のコートレットが日本のカツになった時点でかなりネオっているが、そこに味噌をかけて食べようというんだからすごい。けっして「なんにでも合う」というタイプではない味噌という調味料に、こんなにも活躍の場を与えている名古屋人の発想力を褒め称えたい。なお、わたしの大好きな「どての品川」という店では、目の前のバットに並んだ揚げたての串カツをひょいとつまんで、これまた目の前でぐつぐつ煮えているどて煮に突っ込み、たっぷり味噌をまとわせてから食べてよいことになっている。これは立ち飲み席に入れたときだけのおたのしみ。行儀が悪いっちゃ悪いが、あつあつの串カツにじゅわっと染みこんだ味噌の味がたまらない。わたしにとっては名古屋の至宝と言っても過言ではない（ので徒歩圏内に住みたいと本気で思っていた）。

名古屋めしには味噌を使わないものもあるが、味噌から離れることで、さらなるネオり具合を見せる。あんかけスパゲティ、鉄板スパゲティ、台湾ラーメン、小倉トースト（とモーニング文化）。なぜスパゲティにあんかけを……なぜトーストにあんこを乗っけてバターまで……食べ物に関して保守的なひとが見たら引いちゃいそうなメニューばかりだが、実際に食べてみると、えも言われぬ組み合わせの妙がある。

ネオってる名古屋めしはどれも好きだが、とりわけ、あんかけスパをこよなく愛している。油で炒めた太めの茹で置きスパゲティに中華餡を思わせるどろっとしたソースをかけるのだが、

自作のあんかけスパ。ソースはレトルトだけど再現度はけっこう高い。

未食のひとにこの魅力を説明するのはなかなかに難しい。どろっと、とか書いてしまうとうまそうに思えないだろうけどうまいのだ(信じて!)。

すでに「スパゲッティハウス ヨコイ」「そ~れ」「スパゲティハウス チャオ」「あんかけスパゲティ ユウゼン」といった有名店はひと通り履修し終えて、いまはそれ以外の店を開拓中である。店で食べるだけでは飽き足らず、ヨコイやチャオが出しているあんかけソースのレトルトパウチを買ってきて、自宅で作ることもある。我が家では、作り方のコツをすぐに掴んだMOBY(夫)が、イイ線行ってるあんかけスパを作れるようになったため、なかなか名古屋に行けないときは、それで名古屋への渇望を癒やしている。コロナワクチンの副作用で高熱を出し、寝込んでいるときに「あんかけスパを作ってくれ……」と頼んだこともある(半病人が食べるものじゃない気がするけど食べたかったんです)。それを食べながら、元気になったらまた現地で食べよう、もっと深掘りしよう、と心に誓った。名古屋にはわたしの食べるべきあんかけスパが、まだまだあるのだ。

とにかくあの味が好き過ぎる。味のベースはトマトなので、甘酸っぱいのかと思いきや、コショウをたっぷり使っているため、大変にスパイシー。店によっては、デミグラスソースやウスターソースを使っていたりもして、いい意味で味の濃さが際立っている。個人的には、この濃さを求める感じが、どこかで八丁味噌を重用する県民性と繋がっているのではないかと睨んでいる(食べ物だけじゃない、名古屋は結婚式といい、ギャルの名古屋巻きといい、何かと濃くしたがる傾向がある)。

こんなにユニークな料理は、名古屋にしかない！と言い切りたいところだが、実は香港の「聯威茶餐廳(Lun Wai Restaurant)」という店で「火腿蛋燴意粉」(直訳すると、ハムと卵の煮込みスパゲティ)という料理を食べたことあって、これが完全なるあんかけスパだった。

ここでちょっと香港の「茶餐廳」という業態について説明しておこう。茶餐廳とは、香港市民には馴染み深い飲食店で、日本で言うところの喫茶店に近い。でも、喫茶店よりはるかにごはん系のメニューが多いので、食堂の要素も持ち合わせている。

我が家は大の香港好き一家なので、茶餐廳のことはもちろん知っていて、聯威以外の茶餐廳にも散策ついでに寄ったりしていた。初心者のうちは、いかにも香港らしい鴛鴦茶(コーヒーと紅茶を混ぜたもの)や、奶茶(エバミルクたっぷりのミルクティー)や西多士(油で揚げ焼きにするフレンチトースト)を注文していたのだが、そろそろ入門編は卒業かな、というタイミングで遅まきながら「あんかけスパを置いている茶餐廳があるらしい」という情報を掴んだ。名古屋にしかないと思っていたアレが、香港にも？　茶餐廳には一般市民でも西洋風の食事が気軽に食べられる店として出発したという歴史的経緯があるため、パスタ系のメニューが置いてあることは知っていたし、マカロニ入りのコンソメスープを食べたりもしていた。でも、あんかけスパのことはまったくもって未チェックだった。早く言ってよ。すぐ食べに行くよ。あっという間に次の香港行きが決まったのは言うまでもない。

香港のあんかけスパは、ケチャップ味がベースであり、フレッシュトマトがふんだんに使われていたりして、子どもにも愛されそうなやさしい味である。名古屋のスパイシーで味の濃い感じとはちょっと違う。敢えて例えるなら、ハヤシライスっぽいかも。これはこれでおいしいと思うし、「パスタにあんかけソースをかけたらおいしいんじゃないか？」と考えた料理人が他国にも存在していることにも感動するのだが、わたし個人は、やっぱり名古屋めしの濃厚にして複雑な味が好きだ。

東京にはなんでもあるように思われているが、東京に出店したあんかけスパの専門店は、どれも撤退の憂き目に遭っている。なぜだろう。名古屋発祥で知られる「コメダ珈琲店」の全国

ダンジョンみたいな超高層アパートの１階に店を構える聯威茶餐廳。

あんかけスパが香港にもあった！と大興奮しながら食べた一皿。

展開がうまく行ったのだから、あんかけスパだってうまく行ってもよさそうなのに。台湾ラーメンの元祖として知られる「味仙」だって、順調に東京進出しているのに。どうしてあんかけスパだけ……。最近、東京のコメダでも食べられるようになったと知ってうれしかったけれど、話題になってる気配がない（泣）。ちょっと茶色すぎるのかなあ。たしかに映えないもんなあ、あんかけって。

「あんかけスパ　東京」でググっては、収穫のなさに落ち込み、名古屋行きのチケットを手配することを、もうずっと繰り返している。関東と関西の中間で、どちらに寄るでもなく、独自のネオりっぷりを見せる名古屋は、わたしにとって個性あふれるリゾート地。名古屋市が２０１６・18年に行った「都市ブランド・イメージ調査」で名古屋は「行きたくない街№１」になったが、そんなものは信じないぞ……。あそこに行かないと味わえない、あの不思議なネオらせのセンスを、これからも愛し続けるし、万が一宝くじでも当たろうもんなら、もう絶対に部屋を借りる。

理詰めで生み出された日本向け餃子

ホワイト餃子　野田本店（野田／千葉県）

ホワイト餃子はネオっているのか？

ネオ日本食の取材をすすめるにあたって、「焼き餃子をどうするか？」は、ずっと気になりながらも、後回しにされた「宿題」だった。

中国の餃子は基本的に水餃子だが、それが日本に入ってきた途端、焼き餃子がメインになった。こうした経緯を考えれば、餃子がこの国でネオったのは間違いないのだけれど、いざ取材先を決めるとなると、途端によくわからなくなるのだった。宇都宮？　浜松？　古き良き町中華？　変わりダネで勝負する新興勢力？　うーん、選択肢が多すぎる。

ただ、ひとつだけとびきり気になる店があった。千葉県野田市に本店を構える「ホワイト餃子」である。

ここの餃子は、見た目からしてかなり変わっている。こんがりと焼き上がった餃子たちは驚くほどまん丸で、ひだひだの部分が下になって見えず、おいなりさんが集合しているような姿でサーブされるのだ。ただ、ここまで変わっていると、逆に全然ネオってない可能性も出てくる。事実、ホワイト餃子は包子(パオズ)や饅頭(マントウ)といった中華まん系の見た目に近く、本場っぽいと言えなくもない。茹でてからたっぷりの油で揚げ焼きする工程も本場っぽいような気がする。でも、仕上がりは、あくまで焼き餃子だよなあ、どこかしらネオってるはずだよなあ。

ごちゃごちゃ言っていても仕方ないので、まずは客として食べに行くことにした。系列店では食べたことがあったけれど、本店には行ったことがなかったから、丁度いい機会だと思った。都心から1時間ほど車を飛ばし、野田にあるホワイト餃子本店へ。正面入口に掲げられた朱色の大きな看板は、いかにも中国料理店らしいのだが、その近くにモアイ像や「童心」というタイトルのついたお地蔵さんが置かれている。どういうことなんだこれは。わくわくする。

そして店内に入ると、飲食店というよりは「施設」と呼びたくなるような、広くてシンプルな内装が目を引く。でも、壁のあちらこちらに注意書きが掲出されていたり、突如として派手なタイル画が現れたりもして、賑やかな感じもある……おもしろいバランスだなあ。「餃子専門店」と聞いてイメージするのとはかなり異なる店の様子に、思わずキョロキョロしてしまった。

注文の方法も少し変わっている。最初にレジカウンターで何個食べるか注文したら（P117下写真）、その後の追加注文は一切できない（飲み物はまた頼めるし、店内の自販機でも買える）。飲み物やグラスが銀色の四角いバットに入れられ運ばれてくる様子は、昔ながらの給食を思い起こさせる。すべては無駄なく集中して餃子を食べるために生み出されたシステムであることが、一見さんのわたしにもわかる。ひと言で言うなら、ストイック。でも、冷たくて味気ない店かというと、決してそんなことはない。むしろめちゃくちゃアットホーム。というのも、レジを担当するママさんが「今日はどうするの？」「これも注文したら？」といった声がけをじゃんじゃんしてくれるからだ。注文が終わる頃には、「祖父母の家に遊びに来た」くらいの気持ちにはなっている。餃子の前にまずはママさんの接客を味わってほしい。

　で、肝心の餃子だが、うまさと個性のマリアージュが最高！　支店で食べた餃子もおいしかったけれど、本店のほうがさらに繊細で上品な感じがする（これが単なる気のせいではなかったことがのちほど判明します）。揚げ焼きにすることでカリッとまんまるに膨らんだ餃子を齧ると、中から野菜メインのやさしい餡が顔を覗かせる。そこから立ちのぼる湯気は、ふん

本店
ホワイト餃子
トイレ
1階受付
座敷受付

わりと甘い。一見すると、サイズも大きいし、揚げ焼きだから油っぽいのかなと躊躇もするのだが、実際に食べてみると驚くほど軽いし、胃弱のわたしでもモリモリいける。周囲を見渡してみたところ、ひとり10個は当たり前に食べているような(いや、もっとか)。大人3人で訪問したくせに16個しか頼まなかったわたしたちが、ママさんに「大丈夫?」と心配されてしまったのも納得である。

本店までやってきて、正真正銘のホワイト餃子を食べられたのはいいが、相変わらずネオっているのかどうかの判断がつかない……。同行してくれた編集Kさんたちも、「うーん」という表情。「焼き餃子」と言われたときに思い浮かべる「アレ」とはかなり隔たりがあるため、やはり本場の餃子なんじゃないかという疑念がどうにも捨てきれないのだ。この日の店は大勢のお客さんで賑わっていて、いきなり「はじめまして、これ、ネオってますか?」と切り出せる雰囲気でもなかった(それはさすがに不躾すぎる)。どうしよう。というか、この時点でかなりホワイト餃子本店のファンになってしまっていたわたしは、もはやネオってなくてもいいからお話を伺いたいと思いはじめていた。どことも似ていない、この不思議な餃子の歴史を、とにかく知りたい。となればもう、正式に取材を申し込むしかない。「本場そのままの味と製法なんですよ」と言われたら、めっちゃ困るけど……。

それから数日後、いくばくかの不安を感じながらも、編集Kさんからこちらの取材意図を記した手紙を送ってもらったところ、取材OKのお返事をもらえた。ということは、ネオっているのか⁉　その可能性があると、信じていいのか⁉　こうしてわれわれは、ホワイト餃子の二代目である水谷方昭（まさあき）さんにお話を伺うことになったのだった。

命がけの餃子研究

「初代の父は、最初は商売しようっていう感覚じゃなくって、餃子作りは趣味の範囲だったみたいです」

第二次世界大戦の際、日本軍付きの通訳として満州に渡った水谷信一さんは、お偉いさんたちの接待の席に出される中国料理に興味を持ち、やがてシェフの白（パイ）さんに餃子の作り方を学ぶまでになった。お酒が飲めないひとだったことも、料理に注目するきっかけになったようだ。

「もともと食べることが好きだったし、中国語が喋れるから、自分が中心になって接待の準備なんかをしているうちに、調理人とも親しくなったみたいで。ただ、調理人の技術は一子相伝で、本当は自分の子どもにしか教えないんです。大事な技術を他人に教えてしまったら、自分の家の仕事がなくなってしまいますからね。それを聞き出そうというんですから、けっこう大変だったようです。

白さんの家には命がけで通ったと聞いています。当時は戦争中ですからね。日本の敗戦が濃

常連さんは「○個！」と迷いなく注文できる（追加注文できないのに）。いさぎよい。かっこいい。

厚だったから、街の中を日本軍の関係者がひとりで歩いていたら、まず捕まって殺される。そんな中で、白さんの家に行くわけです。何回か捕まったけど、農民のふりをして逃げたみたい。かなり無謀なことをやってました」

餃子は中国の家庭料理だから、言葉の壁さえなければ簡単に教わることができるんじゃないかと思っていたが、全然そんなことはなかった。一子相伝のレシピを殺されるかもしれないリスクを負ってまで習うなんてすごすぎる。

ホワイト餃子という名前を聞くと、店名の由来が気になるひとが多いだろうが、今の話でわかるように、信一さんに餃子のことを教えてくれた中国人シェフ「白」さんの名前から取られているのだ。

信一さんが趣味ではじめたはずの餃子研究は、やがて仕事になった。戦争が終わって帰国すると、最初は名古屋、その後は妻の実家がある野田で餃子を売りはじめた。

「名古屋にいた頃は屋台、野田に移ってからは、ここことは別のところで総合食堂をやっていました。そこではカツが一番売れてましたね。〝わらじカツ〟って言って、わらじと同じくら

2階には座敷もある。ホワイト餃子宴会したいな。

いの大きさのカツをほぼ原価、10円とか20円とかしか利益が出ないような形で売っていました。そのときに、餃子の研究・開発を少しずつ進めたんです。総合食堂だから、材料はいろいろある。一年中、同じ味を提供するっていう前提でやっていたので、一年を通して手に入る材料を探すところからはじまったんです。つねに安定したものを出したい。夏はおいしくて、冬は全然おいしくないっていうことがないように。

最初に作った餃子は、現在も中国で作られている細長いバナナ状の水餃子です。沸騰したお湯で茹でる、本来の食べ方で出していました。でも、〝お腹がいっぱいにならない〟と言われてしまった。父親が商売をはじめた頃って、戦争の引き揚げ者も多くて、食糧難の時代だったんですよね。同じ餃子を10個食べたとしても、焼き餃子のほうは満腹感があって〝食べた！〟という気がするんですけれども、水餃子のほうはさっぱりしているから、すっと体の中に入ってっちゃうんですよね」

食べやすさが仇となっていたとは……。

中国からの引き揚げ者は懐かしがって食べてくれることもあったそうだが、もちろんそれだけでは商売にならない。

「中国では、家庭で作った水餃子の余りを捨てるのがもったいないから焼いて食べていたんですが、水餃子でお客さんのお腹がいっぱいにならないんだったら、最初から焼き餃子をやろうっていうことで、シフトしたんです。中国の風土に合わせて作られたものをそのまま日本に持ってきてもダメだってのがわかったから、日本の風土に合わせて材料を入れ替えていった。餡を変えたら、その次は皮。焼き餃子に向いている皮ってどんなんだろうってことで、そこからまた研究がはじまりました」

ネオってる！ これは間違いなくネオってると言っていいやつ！ 本場っぽい見た目だなあとか勝手に思っていたけど、しっかりネオっていた（心からの安堵）。水餃子から焼き餃子へのシフト、そこで起こった材料レベルからの変更＆修整。それが戦後のドサクサ期に起こっていることも含めて、正統派のネオ日本食と言っていいだろう。「白さんからは、餃子っていう食べ物を教えていただいたって感じ」という方昭さんの言葉も、それをよく表している。信一さんは餃子の基本を白さんに教わり、そこから自分なりに応用してみせたのだ。

餃子一本でいこう

日本人の口に合う餃子の開発に熱を入れていた信一さんだったが、そんなことをしている人物は、飲食の世界でもまだまだ少数派だったようだ。というのも、当時は餃子という食べ物それ自体が知られていなかったのだ。

「餃子っていう漢字をメニューに入れると、お客さんが読めなくって〝さめこってなんだ

い?〟って聞かれたくらいだったんです」

餃子が鮫子と間違われてしまうレベルからのスタート。これは厳しい。調べてみると、当時の日本で豚挽肉を使った中国料理と言えば、餃子ではなく焼売のほうが有名だったのである。『中国料理と近現代日本 食と嗜好の文化交流史』(岩間一弘編著、慶應義塾大学出版会、2019年)によれば、日本への紹介自体は、焼売より餃子のほうが先で、江戸時代の文献にも餃子の名前があるんだとか。しかし、そこからしばらく動きがなかったのである。

「(餃子が)実際に知られるようになったのは、中国北方を旅行する日本人あるいは満州在住者が増えた1930年代以降であろう。戦前の料理レシピ類での登場頻度はとくに少ないわけではなかったが、外食店での提供が少なかったことが認知度の低い要因の一つだったと考えられる」……情報こそ早くに入ってきたが、実物にはなかなかお目にかかれなかったのだ。一方の焼売は、「高級・大衆を問わず、様々な店で早い時期からメニューに取り入れられていたようだ」とある。焼売が有名になったことで、餃子が「北支(中国北部:引用者注)の焼売」「茹でた焼売」「変わり焼売」と呼ばれたこともあったそうな。餃子、かなり劣勢だな……。

餃子が劣勢だった理由は他にもある。方昭さんによれば、当時の餃子は他の料理の余り具材を使い回しているイメージが強かったとのこと。何が余るかは、その日によって違うから、当然のことながら味も安定しない(これじゃあ焼売には勝てまい)。そんな中で餃子の専門店をはじめるのは、相当にチャレンジングなことだと思う。そもそも認知されていないか、されていたとしても、イメージがあまりよくない料理を作ろうというのだから。当時、専門店を謳っていたのは、方昭さん曰くホワイト餃子と東京の「クラウン」という店だけだったらしい。しかし、信一さんには餃子に対する強い思いがあった。

「うちの父親は研究熱心でしたから、中国の文献をだいぶ読んでたみたいです。それで、餃子っていうのは千年以上前からあるということを知った。だったらもうこれ一本で行こうと。中国で千年続いたのに日本ですぐだめになるってことはないということで、日本向きの餃子を作れば絶対に受け入れてもらえるっていう信念はあったみたいです」

現在のわたしたちの生活にこれだけ餃子が根付いている状況を見れば、信一さんの読みが正しかったことは明らか。焼売に追いつけ追い越せの勢いで、餃子は日本の食生活に根を下ろしたのである。

うちの餃子はこうだからこうしよう

ところで、焼き餃子の多くは、白いごはんとの相性がとてもよいけれど、ホワイト餃子ではごはんを提供していない。店で出しているのは、餃子と漬物と飲み物だけ。よく「餃子は完全食」といったことを冗談めかして言ったりするが、ホワイト餃子はまさに餃子だけで完

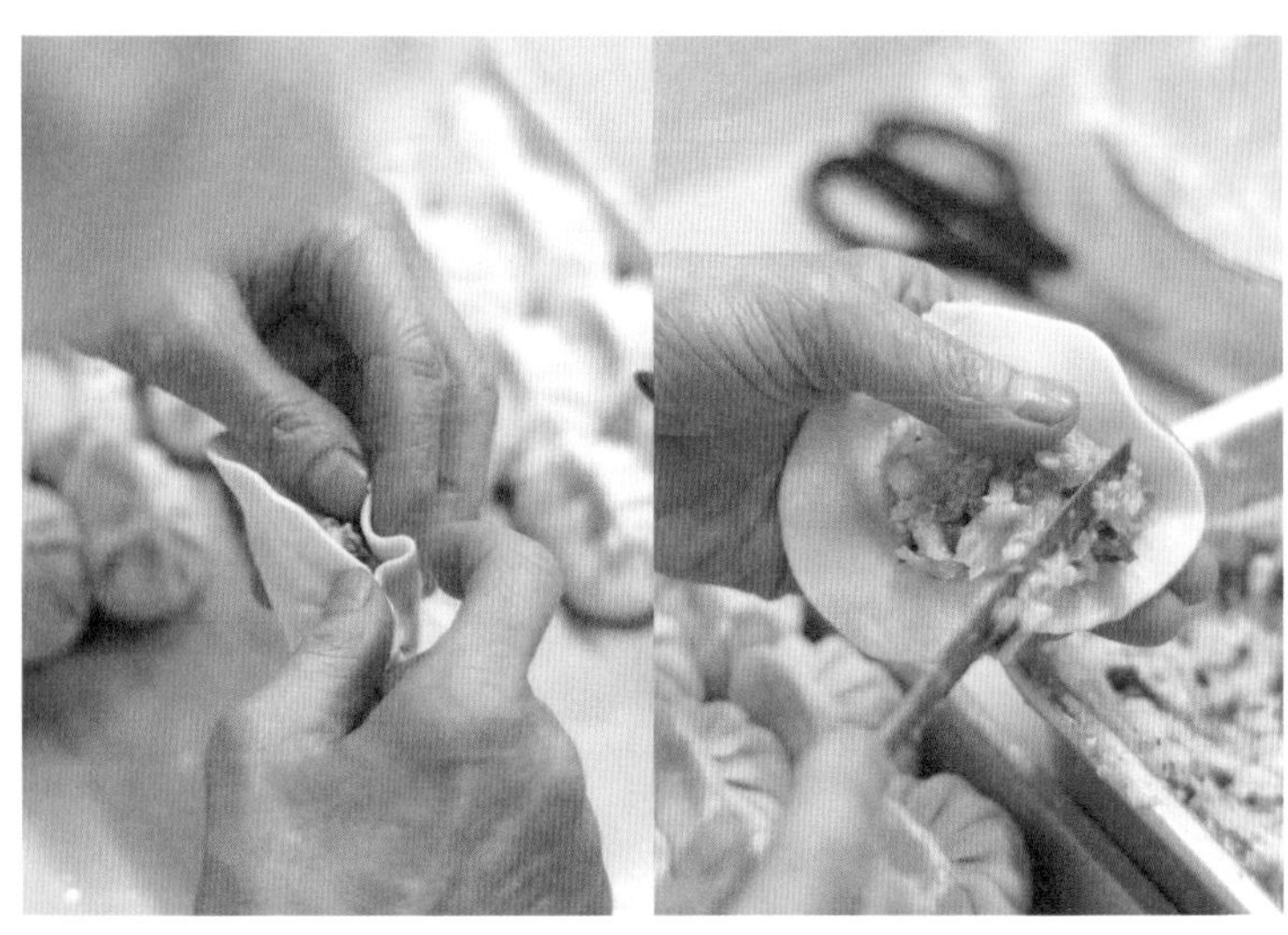

撮影に苦労した。「にぎり屋さん」はとにかく速い！　そして正確。

結する世界を目指している。ホワイト餃子は日本人の好みに合わせて変化をしたが、食べ方はあくまで中国式をキープ。そこだけはネオらせなかったのだ。

「最初から餃子だけで完結させるように作ってましたね。中国でもそうですから。お米に合わせるという考えは最初からありません。あとはもう、日本人に合った食材、日本人に合った調理法は何かを考えて、理詰めで作っていきました。中身をたくさん入れるとなったら、薄い皮だと破れちゃうから、皮の厚みを出す。そうなると、たっぷりのお湯で茹でてから油をたくさん入れないと、中身に火が通らない。そうやってすべて理詰めででてきていったものなんですよ。〝中国ではこうやってたから〟ではなくて、〝よその店がこうやってるから〟でもなくて、〝うちの餃子はこうだからこうしよう〟ってことですね」

作業をするかすかな音だけがしていた。

わたしが「本場っぽい」と感じていたあの形も、信一さんが考えたものだった。巷でよく見る焼き餃子とは全然違うけれど、信一さん的には、これがホワイト餃子にとってのベストな形ということなのだろう。信一さんはどこまでも「理詰めのひと」だ。感覚ではなく、理屈でおいしさを追求していく姿勢は、料理人というより学者のようである。

「だって父は、料理人ではなく、官僚を目指すサラリーマンでしたから。サラリーマンから飲食業に変わったのは、出世できないと悟ったからです。当時の官僚って、とにかく学閥なんですよ。東大を出ていないと、上にあがれない。昇級試験を受けて満点を取ったときに、上司から〝水谷くんは全問正解なんだけども、学閥があって、どうしても上にあがれないんだよ〟という話をされて、官僚になるのはやめたそうです。上にあがれないなら、他のことをしようって」

官僚になる道を絶たれて、さぞかし悔しかっただろうと思いつつも、わたしは別のことを考えていた。中国語は独学で話せるようになっちゃうし、昇進試験を受ければ満点を取っちゃう……この感じ、ホイスを作った後藤武夫さんとすごく似ている！　後藤さんも、東大に飛び級で入るほどの俊才で、語学が堪能だったではないか。頭脳明晰なひとが「これぞ」という素材と出会ったときの、介入の早さと展開の斬新さ。そして自分の信じるおいしさを追求するタフネス。感覚よりも調査や理屈を大事にする学究肌なのも共通している。こういうひとによってネオ日本食史が作られているかと思うと、思わずグッときてしまうわたしだ。ネオ日本食誕生の裏には、自分だけの生き方を見つけたひとの姿がある。ロマンだなあ！

いい材料で〝にぎる〟いい餃子

「長い時間やらなきゃなんないのと、味を均一にするには、やっぱりひとに任せたらだめ」とのことで、ホワイト餃子では、水谷ファミリーが餡や皮作りなどの仕込みを主導し、他の従業員たちは餃子をにぎったり配膳したり、といった仕事を担当している(「包む」じゃなくて「にぎる」なのがプロって感じ、わたしもにぎるって言いたい)。なお、餃子の「にぎり屋さん」は、多いひとで、1日2000個をにぎるという。完全手作業で、1日2000個。まさに職人技である。もくもくとにぎる途中にやってくる計測タイムがチームワークを感じさせてとてもよかった。「めかた計量しまーす」「はーい」「130ちょうどです」「136です」「134です」「129です」……といった感じで、餃子4個をまとめて計り、重さを報告しあって誤差を抑えているのだ。

にぎり終えたら、いよいよ焼きである。大量の餃子を効率よく焼くため、焼き場の壁面に沿うようにしてずらっとコンロを並べ、その上にフライパンをのせる。焼きの工程は左端からはじまり、お湯を入れたり油を入れたりする工程を経るごとに右へ右へと移動していく。一番右側に到着する頃には、真っ白だった餃子がこんがり焼き上がっているという算段だ。使用済みのフライパンは、方昭さんが包丁研ぎ機を改良して作った円盤状のスポンジが回転するオリジナルマシンで洗われ、再び左端のコンロにのるのを待つ。こうすることで、ひとりで大量の餃子が焼けてしまうのだ。効率第一でシステム化された厨房をぐるぐると巡るフライパンは、メリーゴーランドのようで、見ていて本当に楽しい。

「ここで3歳から働いている」と語る、方昭さんの甥っ子にして焼き場担当の寛さんに、ホワイト餃子について聞いてみた。祖父が開発し、叔父が受け継いだ餃子を、どんな風に見ているのだろう。

「先代は医食同源を大事にしていました。〝食事は薬だ〟という考え方でしたので、餃子もそ

の考えをベースにしつつ、日本人に合うようにアレンジしています。中国料理って基本的に味を強めにつける料理なんですけど、うちの場合は、素材の味を生かすっていう方法でやっていて、たぶん日本料理に近いんですよね。日本料理って、出汁にちょっと塩を足して味を出したりとかするじゃないですか。餃子というと、にんにく、紹興酒、醤油を強く効かせた、ガツン！と来るような味が多いですけど、素材の味を引き出す日本料理の考え方で作られているうちの餃子は、他とはちょっと違うかもしれませんね」

たしかにホワイト餃子を食べているときって、野菜をたっぷり採れてありがたいなあという気持ちになる。医食同源と言われれば、たしかにそう。日本料理の考え方で作られた餃子というのも、ほんとにそう。ごはんをたくさん食べられるようにするなら、味付けを濃くするなどの工夫が必要だが、餃子そのものを楽しむなら、パンチの強さはそこまで必要じゃない。それについては、方昭さんもこんなことを言っていた。

「うちの餃子は非常にナチュラルに作ってあるんですよ。子どもでもお年寄りでも食べられるような中身にしてあります。辛いもの

上・方昭社長の姉・満江さん（冒頭のママさん）と甥・寛さん。　右・お湯→油の順にフライパンに注ぎ、最後に油をきる。

が好きなひとはタレにラー油や唐辛子を入れて、自分で調整しながら食べるっていうのを前提にしてるんです。実は、自分が若いときに香辛料や何かをちょっといじったことはあるんですが、まあダメでした。やっぱりうちの親はかなり頭が良い天才肌でしたからね。それをまねるのが一番だと悟ったんです。昔の餃子と味が違うってお客さんに言われることもありますが、作り方や配合とかは全然変わってないんですよ。ただ、食材の管理の仕方自体が変わってきちゃってるんですね。たとえば、昔のニンニクは中国から皮付きで送られてきたんですけども、いまはもう皮を剝いた綺麗な状態なんですよ。味も、昔よりはマイルドです」

変わらないレシピと、変わっていく食材。食材だけではない。餃子を焼くフライパンも、いまと昔では作りが違うのだという(だから古いフライパンを繰り返し補修して使っている)。変化自体は避けられないとしても、そのスピードがなるべくゆっくりになるよう、日々努力を重ねている方昭さんたちを見ていると、「たかが餃子」とは言えないし、言いたくないなと思うのだった。

ちなみに、野田本店では、調理法だけではなく、食材にもすごくこだわっていて、豚肉は一頭買いして使っているし、野菜も生産者を指定するところからやっている。

「なかなか、好きなところ(部位)がとれないんですよ。たとえば、肉屋さんに肩ロースだけ挽肉にしてくれって言っても、仕込み量がだんだん増えてくると、間に合わなくなってきて、全部肩ロースに他のところの肉を混ぜてくるんです。それだったら最初から一頭丸々挽いて、全部混ざった状態で、うちに入れてもらったほうがいい。そうすると、品質の変化が少ないですからね」

それができるのは、ここがホワイト餃子の総本山で、大量の餃子を確実にさばくことができる店だからだろう。他の支店ではできないですよね？と聞くと、やはり難しいという。わたしが感じた「本店のほうがさらに繊細で上品な感じがする」という味の印象も、こういうところから来ているに違いない。

「付き合っている肉屋さんの裁量によっても違いますね。大きな肉屋さんであれば、そもそも仕入れる量が多いから、いい豚にあたる確率も高くなります。で、豚って、基本的には骨つきの枝肉の形で仕入れるんですよね。その枝肉から各部位に切り分けるときに、いい豚肉だと、骨のところにもいい肉が残っているんですよ。肉屋さんと仲良くなると、そのおいしいところを少し混ぜてくれたりするようになる。それから、野菜の場合は、いい生産者を把握しておいて、八百屋さんに頼むんです。○○さんの白菜を入れてくれ、って。厳密には、農家それぞれに生産者番号が割り振られているので、〝この番号の農家の野菜を仕入れてくれ〟と注文する。これも、八百屋さんと懇意になっていないとできないことですよね」

いい材料でにぎられた、いい餃子。本店以外でもホワイト餃子自体は食べられるけれど、本店で食べるホワイト餃子はちょっと特別だ。この特別を日常的に味わえるなんて、本店の近くに住んでいるひとのことが、心から羨ましい！

本
店
ホワイト餃子

ホワイト餃子という文化

ホワイト餃子と言えば、忘れちゃいけないのが、独自の暖簾分けシステムだ。「支店」の他に「技術連鎖店」というのがあって、ホワイト餃子を食べられるのは、そのいずれかだけなのだ。支店の意味はわかるとして、技術連鎖店というのは、一体なんなんだろう。

「支店に関しては、餃子専門店をやるっていう前提のもとで、うちが技術を教えるんです。で、技術連鎖店っていうのは、餃子の他にラーメンとかも出す、いわゆる総合食堂ですね。専門店からはちょっと外れた感じになってるところを、技術連鎖店と呼んで分けています。相手を気に入って、専門店じゃなくてもいいからこのひとに店をやらせてあげたいってなると、技術連鎖店になるという感じですね。フランチャイズではあるんですが、加盟料もロイヤリティも取らずに、すべての技術を教えているので、ホワイト餃子に惚れ込んで、どうしてもこれをやりたいってひとしか受け入れていないですね」

上・創業者の信一さんと妻・山(やま)さん。
右・水谷方昭社長

ホワイト餃子では、遠方から食べに来てくれるひとへの負担を少しでも減らすために支店・技術連鎖店を増やしてはいるが、金儲けのための販路拡大はまったく考えていない。そうは言っても、お金を一銭も取らずに技術を教えているとは思わなかった。太っ腹すぎる。

「〝ホワイト〟を名乗ってるところは、みんなここに来て研修を受けています。住み込みで仕事を覚えてもらうんですけど、最低でも4ヶ月はかかりますね。こっちの手を離れちゃうと別会社になっちゃうんで、確実にホワイト餃子の味を守ってくれているかどうかっていうのはわからないですけども、あんまり味が違うとお客さんのほうからクレームが寄せられるんですよ。〝あそこの店は味がぜんぜん違うけどどうなってんだい？〟って。だから下手なことできないし、もし変なことしたら、その店からはホワイトの名前を取り上げちゃいます。教えた技術は取り上げられないですけどね」

初代の開発したホワイト餃子を、きちんと保護しつつ広めていこうとしているのがよくわかる。食べ物なんだけど、なんというかこう、文化財とか、指定保護動物みたいだ。世間一般の焼き餃子とは一線を画す、あのユニークさを壊すことなく守っていくには、お店のシステムや製造方法なども含めた「ホワイト餃子という文化」をまるごと保存していく必要があるのだろう。

餃子は家庭でも作れるものであり、どんな風にアレンジしたって構わないという意味では、無限にネオる可能性を持った食べ物だ。いつものわたしなら「どこまでもネオって行け！」

と、迷うことなくその背中を押すだろう。でも、ホワイト餃子に関しては、どうもそういう気持ちになれない。できるだけ、この不思議な餃子が、不思議なままに継承されていってほしいと願うばかりだ。

不思議だの変わってるだのと傍流扱いしておいてなんだが、信一さんのホワイト餃子が戦後のドサクサ期に勝手に真似されて、焼き餃子の主流になっていた可能性だってゼロではない。そんな「あり得たかもしれない歴史」に思いを馳せつつも、野田の地で静かに、しかし熱心に愛され続けるホワイト餃子のことも、すごくいいなと思う。移ろいゆくネオ日本食の歴史にあって、変わらずにいることも、十分尊いことだから。

（2023年5月18日）

「ごはんに合う洋食」でありつづける

ぽん多本家（上野）

「ごはんをシチューと混ぜてもいいですよ」

カツレツやとんかつのご先祖さまは、「コートレット」というフランス料理だと言われている。薄切りの仔牛肉に粒子の細かいパン粉をまぶしバターで揚げ焼きにするコートレットが日本でネオった結果、肉は分厚い豚肉になり、パン粉は粒子が大きくなり、調理法もたっぷりの油で揚げるように変わった。コートレットから徐々に遠ざかることで独自のおいしさを獲得するに至ったこの料理は、海外でも「日本らしい」料理として知られており、外国人観光客にも人気がある。

カツについて取材するにあたり、数ある候補の中から「ぽん多本家」を選んだのには、あるできごとが関係している。

それはまだ取材をお願いする前のこと。ただの客としてぽん多を訪れたわたしは、歴史ある店の佇まいにちょっぴり緊張しながらカツレツとタンシチューを食べていた。店内の雰囲気に合わせる感じで、静かに箸を運んではいたものの、基本的に食い意地が張っているので、心の中ではこんなことを考えていた。

「このままだと、シチューのソースがちょっと余るな。シチュー皿のほうにごはんを入れて混ぜたらいいんじゃないか」……高級店でそんなことできるわけないだろと思いながらも、混ぜたら絶対にうまいという気持ちが抑えられない。だってこのソース、めちゃくちゃごはんに合うんだもの。そのとき、お店の方に声をかけられた。「ごはんをちょっとおかわりして、シチューと混ぜてもいいんですよ」……びっくりした。心の声が聞こえたのだろうか。

「時間をかけて作っているものなので、最後まで食べていただけるほうがうれしいんです」(あとから知ることになるのですが、このソースは小麦粉とバターをちょっとずつ炒めて＆寝かせてを3週間も繰り返してようやく完成するのです)と言われる頃には、もう、ぽん多の大ファンになっていた。おいしいソースを無駄にしたくない気持ちをお店側と共有できたのがとにかくうれしい。一般には「はしたない」と思われてしまう行為を推奨してくれるのも、一周回ってもはや粋である。それよりなにより、このできごとによって、ぽん多が「洋食＋パン」ではなく「洋食＋ごはん」でどこまでおいしくできるかを考えている店、つまり、ネオ

いわゆる「ねこまんま」にするなんて許されなさそうな佇まい。

日本食的な感性がある店だと確信した。きっかけはタンシチューだったけれど、カツについても間違いなくおもしろい話が聞けるはず。ファミレスなどで食べる気軽な洋食とは一線を画す「ごちそうとしての洋食」でありながら（お値段もけっこう張ります、まさにハレの日のごちそう！）、パンとスープではなく、ごはんとみそ汁がついてくる「和に寄せた洋食」を提供しつづけるぽん多の料理が、一体どのように受け継がれてきたのか。四代目の島田良彦さんにお話を伺った。

創業のコンセプト

「初代の島田信二郎がもともと宮内省にいまして。たとえ一般の方たちが食べるものに困っているようなときでも、あそこには豊富な材料がありますんで、仔牛のカツもいっぱい作ったと思うんです。ミラノ風カツレツとか、ウィーナーシュニッツェルとか、仔牛にパン粉をつけて、すこーしの油で焼き上げるような西洋料理ですね。だけど、自分の店を出した

いとなったときには、東京のひとには豚が好まれるんじゃないかと初代は思ったみたいです。たくさんの油で天ぷら式に揚げるのは、初代が最初にやったと言われています」

ぽん多の創業は明治38年とされている。その時代に豚肉を「天ぷら式」に揚げる方法を採用したのだ。西洋料理の流儀を客に押し付けるのではなく、江戸・東京の食文化と融合させようとした様子が窺える。

「要は〝洋風天ぷら〟ですよね。初代の頃はメニューもなかったし、天ぷら懐石みたいにこちらからいろいろお出しして、〝お腹いっぱいです〟って言われたら最後に水菓子を出すという風にしていたそうですから」

天ぷらのことをかなり意識しているが、あくまで洋食。日本人にとって馴染み深い天ぷらの形式によって、洋食を近しく感じられるようにしているのが憎い。ネオ日本食は、戦後のドサクサ期にネオるパターンが多いけれど、明治期のネオりもかなりおもしろい。開国してまだ日が浅く、海外の先進的な文化をとにかく真似しなくちゃ、みたいなマインドが支配的だったであろう中で、マイペースにネオらせていく信二郎さんのような料理人がいたかと思うと、なんだかうれしくなってしまう。

「そもそも〝ごはんに合う洋食〟というのが、うちのコンセプトですからね。要は西洋料理を〝日本ナイズ〟した食事です。うちでは、肉の料理って言ったら、ポークソテー、シチュー、カツレツの3つしかないんですが、それはこの3つがまさに〝ごはんに合う洋食〟だからです。

魚のフライに関しても、うちのは〝洋風天ぷら〟です。店の場所柄、江戸前の天ぷらの流儀を意識した魚を選んでいます。キス、アナゴ、メゴチ、イカ、小柱。どれも古くから江戸前の魚として知られています。東京湾っていうのは、いろんな河川からプランクトンが流れてきて餌も豊富だし、波も荒くないので、魚がちょっと坊ちゃん育ちなんですよ。だから、骨が薄かったりして繊細でおいしいんです。

天ぷらとフライで決定的に違うのは油です。天ぷらは植物油で揚げます。フライは洋食ですから、動物油で揚げます。動物油で揚げることによって、食材にコクと旨味が乗っかりますんで、ごはんに合うんですよ。ひとによって好みはありますけど、天ぷらでごはんを召し上がるときと、フライものでごはんを召し上がるときって、パンチが違うじゃないですか。うちはあくまで洋食、それも、ごはんに合う洋食なんだ、っていうのを意識してやってます」

同じ揚げ物でも、天ぷらとフライではごはんと合わせたときの感じが違うというのは、たしかにそうだ。中でもぽん多の「カツレツ（ロースのみ）」は、めちゃくちゃごはんが進むカツレツである。サクサクで繊細な衣に包まれたジューシーな豚肉は、コクのあるラードで揚げられていて、単体で食べてももちろんおいしいのだけれど、そこにウスターソースと和からしをつけて、まるごと口に放り込めば、途端にごはんが欲しくなる。パンチは効いているのだけれど、ずっしり重いというよりは、あくまで軽快なジャブ。食べ進めても、胃袋が全然しんどくならない。まだいける、もっといける。食いしん坊のくせに胃弱なわたしが途中で力尽きることなく最後までおいしく食べたカツレツは、これがはじめてかもしれない（食べ終わった瞬間、また食べに来たいと思いました。揚げ物はしばらくいいや、とならないのが本当にすごい）。

ところで、「ごはんに合う洋食」が創業したときからのコンセプトだったのは、ちょっと意外だった。最初はパンとスープも出していたけれど、お客さんのニーズに合わせてごはんにシフトしたんです、みたいな話を予想していたのだ（ネオ日本食は常連客の声がきっかけで変化していくパターンがけっこうあるので）。しかし信二郎さんは、最初からごはんに合う洋食を出そうとしていた。「昔ながらの洋食屋で、パンを出すところもあるじゃないですか。あれは西洋が半分混じってます。でもうちは最初から完全に日本寄りなんですよ」……最初から全力で和に振っている。思い切りがいいなあ。

ごはんを大事にしている以上、みそ汁や漬物だって、適当では済まされない。

「ごはんにおしんこにおみそ汁、っていう3点セットが原型としてあります。なんかこう、みなさんの中で〝とんかつ＝豚汁〟っていうイメージがありますよね。でも、本来、とんかつに豚汁は合わないと思うんですね。具だくさんなものってのは、口の中がリセットされないんですよ。なんで汁物があるかって、やっぱりリセットするためにあるんです。東京でみそ汁というと、白味噌仕立ての、わかめや豆腐のみそ汁が定番ですが、うちは初代と二代目が相談して、赤だしをいち早く取り入れました。それでいまも八丁味噌と越後味噌をブレンドしたなめこのみそ汁をお出ししているんです。

たくあんも、12月に干し大根を700本とか800本とか注文して、1年分を漬けるんです。木造じゃない建物の中で漬けようとしても、風が通らないじゃないですか。だったらもう屋上だっていうんで、いまは屋上で漬けてます。ちょっと話がずれるようですけれど、たとえばうなぎ屋に行って、うなぎが焼けるのを待ってる間におしんこで一杯やろうとするじゃないですか。いまはよそで買ってきちゃうお店もありますけど、本来はそうじゃない。おしんこっていうのはすごく大事で、抜群のものを出さなかったら、そのあとに出てくるものもたいしたことないんじゃないかと思われて、うなぎ屋としての格が下がっちゃう。そういう時代があったんです。それに、昔はどこのご家庭にも、ぬかみそがありましたよね。韓国の方がキムチを大事にするのと同じで、主食がごはんなら、それに合う保存食があるものなんです。ぼくはただ、そういう原型を大事にしていこうよと言ってるだけ。食の本質をずっと追い続けていきたいなっていうのが、ぼくの考えですね」

理由がわからなかったら作れない

インタビューをはじめてすぐに気づいたことがある。良彦さん、お話がめちゃくちゃわかりやすい……。お話のひとつひとつに「なぜこうでなくてはならないのか」の理由があって、どれもストンと腑に落ちる。お店のウスターソースについて聞けば、せっかくの外食なのに既製品をそのまま出すのは違うと思うからひと手間かけた独自のブレンドにしていると教えてくれ、千切りのキャベツを氷水に放ってパリパリにしないのはなぜかと聞けば、栄養が抜けてしまうから、と答えてくれる。曖昧なところがまったくない。料理のプロなら誰しも「なぜこうでなくてはならないのか」を考えることはあるだろう。でも、みんながみんな、ここまでの解像度で考えていたり、言語化できたりするわけではないと思う。

カツレツについても「なるほど」の連続だった。ぽん多のカツレツは一般的なフライ類とくらべると、かなり淡くて繊細な色合いをしている。世間ではなんとなく「こんがりキツネ色」がフライの正解みたいに思われているけれど、ぽん多はあくまで色白のカツレツにこだわっているのだ。

「とんかつを揚げる温度って、教科書的には170度なんですよ。専門学校でもそう習います。でも実際の現場では、肉の厚さなどに合わせて火の入れ方を変えないといけない。薄い肉だったら170度という高い温度でもいいけど、それで厚い肉を揚げたら、火が通るのを待ってるうちに衣が焦げてしまいます。うちの場合は肉に厚みがあるんで、120度という低い温度から、徐々に熱を入れていきたいんです」

一般的なカツと異なるのは、揚げ油の温度だけではない。

「ロースカツって、赤身があって、その上に筋と脂身が乗っかってますよね。それをパン粉

多いときで1日100枚。1枚につき10回、計1000回、肉を叩く。

にくるんで油に投入する。そうすると、一番初めに赤身に火が入って、脂身や筋にはなかなか火が入らない。赤身と脂身と筋が一緒に揚がるわけがないんです。それでも、多くの店では、1本のロースをばさっとスライスしてそのまま揚げちゃう。そうすることで無駄を出さずに全部使えますから。でも、ぼくたちは1本のロースから、脂身と筋を除いて赤身だけにするんです。そして、取り除いた脂身をラードにして、揚げ油として使う。ラードで揚げると、脂身の風味をまとわせることができるんですね。なんでわざわざ自分たちでラードを炊くかっていうと、市販の精製ラードは綺麗すぎるんですよ。綺麗にすると旨味も消えます。やっぱり不純物が多少入ってないとおいしくならないんですよね。それを、〝日持ちがしないから〟とか言って綺麗にしてしまうと、10ある旨味のうち4は飛んじゃいます。それをみなさんに

揚げ時間は10分。「綺麗！」と声が出てしまった。

食べていただくんじゃ、ぼくらは気に食わないんですよ。あくまで〝ぼくらは〟ですけど……。とんかつの話をするとき、どこの産地で採れたどんな豚かを話題にされる方がいますけど、揚げ油の土台をしっかり作らなかったら、何を揚げたっておいしくなりません。お寿司の酢飯とおんなじ。和食の出汁とおんなじ。逆に言うと、土台さえしっかりしていれば、たとえ素材の質が7割でも、おいしくなるんです」

カツの脂身についてこれまであまり深く考えたことがなかったが、言われてみれば、火の入り方が違うものを一緒に揚げてしまうのって、あんまりよろしくないのかも。良彦さん曰く、一般的なとんかつが短冊状に切られているのも、そうしないと脂身だらけのところが出てきてしまうからなんだとか。その点、脂身のないぽん多のカツレツは、どこから食べても大丈夫ということで、短冊状にしてからさらに横一文字に切られる（このサイコロっぽい形は自信のある店にしかできない提供法と学びました）。

「揚げるのって、焼くのとは違う技術が必要なんです。焼くんだったら自分の手を動かせるわけですよ。できあがりを想像しながら、そこまでどうやって持っていくか、その場で調整できる。でも、揚げ物は違います。いったん油の中に落としちゃったら、もう自分の手からは離れてしまう。いじれない。だからこそ、土台をしっかり作っておかなくちゃいけないんです。だからうちでは、出汁の味見をするような感覚で揚げ油の味見をしますし、すでに炊き上がったラードにあとから生脂（生の脂身）を足したりもしません。足すお店もあるみたいですが、ラードになりきっていない生脂を足して100％の力が出せますか？　出せませんよね？　温度が変わるし、酸化してしまいますから、胸焼けもしやすくなる。そんなことを、ぼくはひとりでずーっと言ってる。とんかつを出す店が100店舗あったとしたら、99店舗は、ぼくの意見に〝いやあ、それは違うよ〟って言うでしょう。ぼくだけですよ、こんなこと言ってるのは（笑）。でも、ものを作るときに、なぜそうするのかっていう理由があるはずじゃないですか。それを自分が説明できないと、作れないよねっていう簡単な話なんです。もの作りっていうのは〝なぜだ？〟の連続です。ぼくも修業中は、なぜどうしてと考え続けていましたよ。どうしてそうするのか理由がわからなかったら、作れないですし、いまここ（ぽん多の厨房）に立ててないです」

「店をやらせてください」

何をするにも理由が必要。「みんなやってるから」「昔からそうだから」で片付けないで、ちゃんと理詰めで考える。これは島田家に代々受け継がれる精神であり、厨房以外でも大事にされている考え方である。

「進学するときも〝何しに行くの?〟って親に聞かれたんですよ。ちゃんと理由を言わないと要望が通らない。ぼくは中学校のときにバレーボールをやってまして、ある程度の成績を残せたので、推薦の話が来たんですね。それで〝この高校に行きたい、バレーボールをやらせてください〟って親に言ったら〝よし、行ってこい〟と。理由があればOKなんです。ただ、そのときにした約束っていうのが、〝高校の3年間で次にやることを決めておけ〟っていうことだった。それで高校3年になったら本当に親に呼ばれて、どうするつもりか聞かれたので〝店をやらせてください〟って言ったんです。〝やるよ〟なんて言える雰囲気じゃないんですよ。〝やらせてください〟なんですよ。順番から言ったら、ぼくが四代目になるわけですけど、まだ何もできない自分が、〝やるよ〟なんてのはおこがましい。親子だけど〝やらせてください〟なんです。で、そう言ったら、〝キツいよー〟って(笑)。〝大丈夫か、大変だぞ〟って言われたんだけど、こっちはこっちで〝3年も考えたんだから〟って言って。で、やるって決まったら、〝修業に行ってきなさい、よそのごはんを食べてきなさい〟と言われました。

修業先は御茶ノ水の『山の上ホテル』です。高校3年の10月に国体があって、ぼくのチームは優勝できたので、引退したらしばらくは遊びたかったわけですよ。でも、いきなり修業に入ると大変だからというので、親父から〝包丁なんか持たなくてもいい、皿洗いだけはやっとけ〟って言われて、皿洗いだけはしてたんです。で、ぼくがたまたま店で皿洗いやってるときに、山の上ホテルの社長と奥さんがお見えになった。以前から常連さんだったんです。うちの親父が挨拶しろって言うので〝おじさんこんにちは〟って言ったら〝おー、坊主。お前いくつになったんだ〟って。向こうはぼくのことをちっちゃい頃から知ってるわけですから、そういう話になりますね。それで〝実は高3になりまして、継ぐか継がないかについては、やらせてくださいって言っちゃいました〟って。そしたら、〝おおそうか、そしたら手が空いたところで親父を呼んでこい、うちで預かるから〟って言ってくれて、そこで決まっちゃったんです。次の日から来いって言われちゃった。同期は4月入社ですから、まだ現場にいないんですよ。でも社長に〝お前は4月まで休ませない〟って言われて(笑)。同期の顔を見ないまま、山の上ホテルで働きはじめました。いきなりフレンチのキッチンに入って、鍋洗いからはじめて3年間。18、19、20歳と過ごして、ここに帰ってきた。で、いま58歳です」

全力でバレーボールをやったあとは、全力で料理の修業をする。良彦さんの人生、メリハリが利きまくっているな……。

「ブレ」と「振り幅」

ところで、島田家ではいきなり自分の店で働くのではなく、別ジャンルの料理店で修業をする。良彦さんはフレンチだったが、弟の克彦さんは中華、良彦さんの息子である秀彦さんは日本料理店で修業した。「ずっと洋食をやるんですから、修業では他のものを見て、ひとに使われる経験をして、我慢を覚えるんです」とのことで、みんな他ジャンルでの修業を経て、ぽん多に戻ってくる。せっかく他ジャンルの店で修業をしたのだから、それを活かして、メニューなりレシピをアレンジしたくなるような気もするのだが、どうなんだろう。

「初代、二代目、三代目、四代目でちょっとは変化があると思うんですね。だけど、芯の部分は変わらない。〝いい材料を仕入れなさい。いい揚げ油を取りなさい。技術を磨きなさい〟。これが初代からずっと言われている3点セットなんです。その上で、歴代の個性っていうのはある。ぼくはタンシチューのレシピを気持ち変えています。そういうのは微調整のうちなんですよね。自分がいいと思ったらちょっとやってみるっていうくらいのニュアンスですよ。ちょこっとの振り幅だったら、自分の個性かなって。ただ、芯の部分っていうのはずっと変わらないです。あからさまにオールチェンジして〝ぽん多の四代目です〟って言うんだったら、屋号を変えて、別の店を出したほうがよっぽど気が楽です。やはりぼくは後継ぎですんでね。変わったことをやるんじゃなくて、初代が築き上げたものを大切にしながらやっていきたい。そこでブレてちゃいけないんです」

タンシチューのソースについては、取材前に観たNHK「プロフェッショナル 仕事の流儀」（初回放送はNHK総合にて2020年7月14日）の中で、良彦さんが試行錯誤していたので知っていた。醤油をちょっと増やして、ワインをちょっと減らしていたのだが、それを見たとき、けっこう驚いたのだった。日本の味覚が時代とともに西洋化していく中で、「洋」に寄せるならわかる。でも、良彦さんは醤油を増やすことで「和」に寄せていたのだ。なんで洋に寄せないんだろう。

「そっち（洋）へ行っちゃいけないんですよ。言い方が悪いかもしれないですけど、わざと行かないんですよね。ぼくの中で、〝じぶんち（ぽん多）はなんのためにあるのか？〟っていう問いがつねにあって。〝うちはうち〟っていう境界線があるから、そこから先には行かない。さっきも言った〝ちょっとした振り幅〟はアリなんですよ。いくらやったっていいんです。でも芯はブレちゃいけない。自分たちがぽん多という洋食屋の範囲内でどんな仕事ができるんですか？っていうのを考えて、磨いていく。ゴールなんかあるわけないんです。去年より今年、今年より来年のほうが上手になってないとおかしいじゃないですか。自分の中では、30歳のときよりいまのほうが上手にできてる。だけど、気持ちとしては〝もういっちょ上に行きたい〟って思ってるんですよね」

よりおいしくするため、より上手になるための試行錯誤はアリだけど、自分たちの領分を超

えるような変更はナシ。それがぽん多の経営方針なのだ。

わたしはあらゆるネオ日本食を愛する人間なので、街場の洋食屋が客のニーズに合わせたり、自由な発想で思い切りネオらせたりするメニューも嫌いじゃない。見切り発車であれこれ作りはじめる料理人のチャレンジ精神を応援したくなってしまうことだってある。

だが、ぽん多にそれをやってほしいとは1ミリも思わない。なぜなら、ぽん多のカツレツはかなり理想的な形で「ネオり止まっている」状態にあると思うからだ。どこまでもネオっていくんじゃなく、「ここだ！」というところを見つけて、ネオり止まる。そこを自分たちの味と定めて維持するのも、大事なことだ。そんなぽん多の味に多大な影響を受けた料理人がすでに何人もいるのではないか。彼らにとって、ぽん多は「新たな原点」である。ご先祖さまであるコートレットをまったく意識せず、ぽん多のカツレツを原点とする料理人がいていいし、そうやってネオ日本食の系譜が継がれていくことは、この国の食文化をよりおもしろくすることだと思う。

「食べられないもの」の味

初代の信二郎さんが創業したぽん多は、基本的には家族経営の店である。二代目こそ、当時番頭だった服部ハルさんが務めたが（三代目がまだ若かったため中継ぎを担当）、三代目の忠彦さん、四代目の良彦さん、そして未来の五代目・秀彦さんへとバトンを繋いでいるところだ。

良彦さんが四代目になったのは、36歳のときだという。想像していたよりもずっと早くに先代の父を亡くし、若くして老舗の看板を背負うことになった。

「早いですよ。自分でも驚きました。ひっくり返っちゃった。親父からよく言われていたのが〝俺がいま死んだら、明日からお前がやるんだよ。いつ死ぬかわかんねえから用意しとけよ〟って。初めは

冗談に聞こえるんです。だけど本当にそうなるんですよね。一緒に働いているときはいいんですよ。〝いいねえ、親子で〟〝うらやましい〟なんて言われて。お客さんも喜んでくださる。でも、親父がいなくなったら〝丁か半か〟なんですよね。お客さんは店じゃなく親父が好きだから来ていたのかもしれないじゃないですか。わかんないんですよね、そんなことは。それに、周りの飲食店の中には、旦那がいなくなったというので、喜ぶ連中もいるわけです。だけど、ぼくが店をやらなきゃいけない。もう100年もやっちゃってるんですから。逃げずに向かっていかないといけないんですね」

四代目のスタートは、かなり過酷なものだった。肉親の死だけでもつらいのに、あれこれ噂され、同業者には喜ばれ……でも、良彦さんはひとりじゃなかった。弟の克彦さんが一緒だったのだ。

「弟は山の上ホテルの中華で修業したあと、うちに来ました。本当は別の道もあったんですけど、いろいろなタイミングが重なってうちに来た。だから、まだ親父がいるときから、弟とも一緒に仕事をしていて。で、あっという間に親父が亡くなった。上野中で〝あの家、大丈夫か？〟って言われてたと思います。

店をやるにあたって、最初は兄弟ふたりで店をやろうっていう案もあったんですけど、いまって店の主人がちゃんといないとだめな時代なんです。店を代表する主人がひとりちゃんといて、そのひとがずっとやるべきっていう。そしたら弟が〝俺はサブでいいから〟って。それでぼくが四代目になったんです」……弟さんがいいやつ過ぎて泣ける。兄弟愛だなあと思うし、やはり島田家の人々は何をするにもちゃんと理由があるなとも思う。

家族の話をするとき、良彦さんの顔は、ぽん多の四代目から島田家の長男の顔になる。良彦さんにとって、老舗の味を守ることは、家族とともに生き抜くことでもあっただろう。老舗の料理には、ファミリーヒストリーという名の隠し味がつきものだけれど、ぽん多のファミリーヒストリーは、聞くひとの心をひときわじんとさせる隠し味だ。

料理はうまければそれでいいのか。頭なんか使わないで、舌だけ使っていればいいのか。いや、そんなことはないだろう。というか、わたしがネオ日本食に惹かれるのは、料理としてもおもしろい（興味深い）からであって、そのおもしろさには、歴史や文化や情報などの「食べられないもの」が強く関係している。舌だけで料理を味わうなんて器用なことは、逆にできない。脳も動員してなんぼなのだ。良彦さんのお話もまた、脳がよろこぶ、非常に滋味深いお話だった。

（2023年6月2日）

エリックサウスのディナー「ミールス」(南インドのカレー定食)。
菜食カレー「サンバル」やスパイススープ「ラッサム」など本場の味が集結。

カレーはいかにネオったのか？
稲田俊輔インタビュー

何にでも喰いつき、「おいしさ」をトコトン暴き出す天才・稲田俊輔（『おいしいもので できている』帯文より）。著書やSNSで、ときにサイゼリヤのすばらしさを分析し、月見うどんの理想的な食し方を考察し、夫の作る料理がまずいと悩むひとに寄り添う……。稲田さんの食の解像度は極めて高く、丹念で鋭い言語化能力を持つ。南インド料理専門店「エリックサウス」総料理長にして文筆家の肩書きも持つ彼は、日本列島に広がるカレー世界をいかに捉えているのだろうか？

「現地系カレー」の到来

トミヤマユキコ　稲田さんが依頼を引き受けてくださって、本当に助かりました！　というのも、ネオ日本食の取材をする中で、カレーに関してはかなり悩んだんですよ。すごく多種多様ですし、話を聞くとおもしろそうだと感じるお店も多くて、なかなか取材先を絞り込むことができなかったんです。それで、これはちょっと方針を変えたほうがいいんじゃないか、となったときに、真っ先に思い浮かんだのが稲田さんのことでした。本場のカレーから家庭のカレーに至るまで、日本のカレー事情に精通している稲田さんと「ネオ日本食としてのカレー」を概観するような話ができたらいいんじゃないかと考えたんです。

稲田俊輔　はい。よろしくお願いします。

トミヤマ　きょうは稲田さんに教えを乞う生徒のつもりでおりますので、どうぞよろしくお願いします。さっそくですが質問です。稲田さんの創業した「エリックサウス」をはじめ、東京では、いまや現地の味が気軽に食べられるようになったと考えてかまいませんか？

稲田　そうですね。2000年あたりから徐々に、僕が「現地系カレー」と呼んでいる本場のカレーが増えていった感じです。エリックサウスをはじめたのは2011年なんですけど、そのときはすでに現地系のインド料理店やスリランカ料理店はあったんです。でも、探すのがわりと大変で、限られたエリアにしかなかった。でもいまは、あくまで東京に限定して言えば、あらゆる街にそういうお店があります。

トミヤマ　現地系の店は、もともとは移民の方が集まっているような場所に多かったんですか？

稲田　基本的にはそうでしたね。西葛西や、その後だいぶ経ってから大久保などです。ただ、移民の方たちがいても、そのお店が内容的に「ガチ」かと言うと、そんなことはないんです。彼らの多くは、ガチなものは日本人に受け入れられないと

取材は、エリックサウスマサラダイナー 神宮前（東京・渋谷）で行った。

思っていますから。なので、日本人に合わせたメニューで営業して、同胞が訪れるとメニューにない現地のものをこっそり出していた。それをマニアが目ざとく見つけて「それはなんだ、俺にも食べさせてくれ!」と言うわけです。2000年以降のマニアたちの行動で、他に僕の知っていることと言えば、どこぞのインド料理店のシェフは南インドで修業した経験があるらしいぞ、とか、南インド出身らしいぞ、みたいな噂を聞くと、食事会を開きたいって交渉しに行くんですよ。そのシェフは普段、日本人に好まれるバターチキンカレーやナンを店で出してるんですけど、マニアはそんなものに興味がない。だからお店を貸切にして、いつもは出してないような現地の料理を出してもらえないかと交渉するわけです。

トミヤマ　熱意がすごいですね。

稲田　ええ。魚料理が得意なシェフなんだけど、普段の仕入れルートだと冷凍の魚しか手に入らない、みたいな話になると、貸し切りメンバーの誰かが早起きして、そのシェフを市場に連れていって買い物の補助をするなんてこともあります。

トミヤマ　すごい、そこまでやるんですか(笑)。

稲田　やるんですよ(笑)。シェフに「お願いします」と言いながらも、メニューの内容はマニアたちが組みます。

トミヤマ　本に載っているこれが食べたい、みたいなことをお願いするんですか?

稲田　本で見た未知の料理が食べたいというより、すでに知っている料理が食べたくてプロデュースするんです。なぜそんなことになるかと言うと、もはやマニアたちのほうがインド料理に詳しいんですよ。シェフは南インド料理とそうじゃない料理の区別があまりついてなかったり、何がその土地ならではの地方料理で、何が全国のレストランで普遍的に提供されているものなのかも知らなかったりするから、すべてお任せしちゃうと、別に求めてもいないごく普通のレストラン料理が出てきてしまう可能性がある。マニアたちって、知識があるだけじゃなく、実は料理もできるんですけど、やっぱり現地のひとが作るものを食べたいんです。それはマニアたちによる、極めて特殊な世界ですよね。そういう時代と比べると、いまは大久保などでネパールの現地の味も食べられますし、貸切の食事会なんかやらなくても、フラッと店に行けば５００円ぐらいから本場の味が食べられてしまう。そういう状況に徐々に変わっていきましたね。

エリックサウスのレア・グルーヴ感

トミヤマ　エリックサウスは２０１１年からですから、現地系のお店が身近になってきた頃にオープンしたカレー屋さんですよね。

稲田　そうですね。

トミヤマ　もう日本人の味覚に合わせなくてもいいだろう、という感じでしたか？

稲田　というより、日本人に合わせたアレンジは絶対にしたくないっていう気持ちでしたね。なぜならマニアは何よりもそれを嫌うから。そのかわり、徹底的に「チョイス」をする。南インド料理のレシピというのは、無限と言っていいくらいあるわけだから、その中から日本人にウケそうなものをピックアップしようと。ＤＪが大量の曲からキャッチーなやつだけピックアップして繋いでいくような、カット&ペースト的な感覚ですね。

トミヤマ　それってなんかレア・グルーヴみたいですね（Rare groove：後年の価値観によって再評価され、新たな魅力が見出された過去の楽曲）。

稲田　まさにレア・グルーヴです。で、ピックアップするときに絶対ウケなさそうなものもピックアップするんですよ。じゃないと、マニアにとってつまらないから（笑）。そういう塩梅が大事なんですよね。あとは、お客さんの交通整理をしないといけないと思っていて。

トミヤマ　交通整理というのは？

稲田　一般のひととマニアのひとをうまく誘導し

たいんですよ。たとえば一般のひとがメニューを見て、わけもわからずマニア向けのものを選んでしまうと、悲劇が起こりますよね。その逆もあります。マニアが来て、自分向けのものがひっそりと用意されているのに気づかず、一般のひと向けの商品を「とりあえずこれにしとくか」って選ぶと、ガッカリが発生する。ガッカリだけだったらいいですけど、陰口を叩かれることもあるわけですね。「初心者に媚びた料理しか出してない」みたいな。あとは、善意による悲劇もあるんです。一般のひとに「エリックサウスは日本人に向けて食べやすくアレンジしてあるからオススメです」とか言われちゃうと、こちらとしてはものすごいダメージを受けるわけです。

トミヤマ　もちろん良かれと思って言ってるんでしょうけど、お店的には「その言い方はやめて（泣）」っていう。本格派じゃないみたいに思われちゃいますもんね。

稲田　そうなんです。一種の風評被害みたいになってしまう。

日本人の舌に合うカレーとは？

トミヤマ　エリックサウスは、ある意味、反ネオ日本食のお店ですね。チョイスはするけど、ネオらせないわけですから。

稲田　はい。日本人向けにローカライズはしない、いわば「原理主義的」なお店と言っていいと思います。

トミヤマ　そんなお店を経営している稲田さんから見ると、日本向けの「ネオってる」カレーってどんなものですか？

稲田　インドカレー的なものをネオらせるには何をすればいいかと言うと、わりと簡単で、旨味と甘みをプラスすればいいんです。僕は「おかず味」と呼んでいるのですが、日本人は旨味の効いた甘じょっぱい味が基本的に好きなので。あとはスパイスを複雑にすれば日本人向けになります。

トミヤマ　複雑にするとネオるんですか？　不思議です！

稲田　ものすごく単純化して言うと、いわゆる昔ながらのカレーライスは、スパイスをとても複雑に使ったカレーなんですね。で、スパイスは複雑に使えば使うほど、スパイスごとの癖が対消滅することで味にまとまりが出るし、コクも出る。逆に言うと、スパイスを減らせば減らすほど、ひとつひとつの印象がビビッドになるんです。たとえば、スパイスが5種類だと星の形になるんですよ。それが7種類とか12種類とかになると、どんどん丸に近づいていく。

トミヤマ　スパイスが多ければ多いほど丸くなるし、そっちのほうが日本人受けがいいと。市販品で言うと、エスビー食品の「赤缶カレー粉」とか、ハウス食品の「こくまろカレー」とかでしょうか。

稲田　はい。家庭でも外食でも、昔ながらの日本のカレーライスが最大派閥であるという原則は、ずっと変わりません。ただ「もうメーカーの製品には頼りません、自分でスパイスを集めて作ります」みたいなひとも爆増してはいるんですよ。増えたところで数は知れてるんですけども、それでも増加率で言うとものすごいと思います。自分の著作も含めて、初心者向けのスパイスカレーとかインドカレーのレシピ本みたいなものがわんさか出ていますし。

トミヤマ　なんか流行りすぎて「スパイスカレーに凝ってる男と付き合うな」みたいな、「なんだそれ？」っていう言説が出回ったりもしましたもんね（笑）。ルウを使わないスパイスカレーが広く知られるようになって、お家で作るひとが増えたから、そういう話も出てくるわけで。

稲田　それは間違いないですね。さらに言うと、カレーにも流行り廃りがあります。僕はいまのカレー好き、スパイス好きの嗜好に共通点があると思っていて。そのひとつはチリを入れてギリギリまで辛くすること。もうひとつはカルダモンを効かせることなんです。

トミヤマ　辛くするのはわかる気がするんですが、カルダモンですか？

稲田　スパイスには、キャラの強いスパイスがいくつもあって、代表的なものがカルダモンとかクローブとかなんですけど、カルダモンを嫌いな日本人はあまりいないんです。で、さっきの星とか丸の話で言うと、キャラの強いスパイスを効かせすぎると、ひとつの角だけが極端に飛び出してしまいますよね。でも、カルダモンっていうのは、もちろん程度はありますが、そうなっても嫌われにくいんです。あとは、カルダモンが効いていると「本格的」というイメージを与えることもできます。

トミヤマ　カルダモンのポテンシャルってすごいんですね。

稲田　つまりチリとカルダモンを効かせたカレーっていうのは、人々に「俺にしか理解できないカレー」みたいなイメージを与えるんです。

つまりカレー界のサカナクションみたいになるっていう(笑)。

トミヤマ　あははは！　みんなは気づいてないかもしれないけど、私だけはその魅力をわかってる、っていう。

稲田　そうそう。俺だけが理解してるって、み～んなが思ってる。そういう状況を作り出しやすいんです。

トミヤマ　めちゃくちゃおもしろいです。

「ジャワカレー」による啓発

稲田　市販のカレールウも、長い歴史で見ると変化はしてるんですよ。50年とかそういうスパンで見ると。僕は「ジャワカレー」(ハウス食品)の登場によって、時代が変わったと思うんです。

トミヤマ　わかります！　お家カレーの歴史には、ジャワカレー以前と以降がある！

稲田　そうそう！　ジャワ以前／以降があるんですよ。少なくとも僕が子どもの頃に食べていたジャワカレーは、明らかに他と違っていました。まあ、CMが大人向け路線だったから、それによる刷り込みがあるかもしれないですけど、すごく大人っぽい味がした。そしてジャワ以降に発売されたルウには、どれもジャワっぽさがあるんですよね。じゃあ「ジャワらしさ」とは何かって言うと、カルダモンなんですよ。

トミヤマ　ここでまたカルダモンが出てくるんですね！

稲田　ジャワ以降、急にカルダモンが強くなったんです。もちろん他にもジャワの要素ってあるんですけど、カルダモンとブラックペッパーが強いのがジャワの主な特徴で、ジャワ以降に発売されたカレールウは、その特徴を踏襲しています。そのおかげで、消費者はカルダモンをカルダモンと認識していなくても、それがちょっと本格的で大人っぽい味だと思うようになったんです。

トミヤマ　知識がなくても、舌がすでに学習をスタートしていると。

稲田　ええ。スタートしていますし、長い時間をかけて慣れ親しんできたからこそ、いまカルダモンが効いているカレーを普通に受け入れてるんだと思います。

トミヤマ　わたしの実家もあるときからジャワカレーしか食べなくなったんですよ。ちゃんと辛い、痺れるような食べ心地が大人っぽいって思っていました。やっぱりジャワによる啓発は大きいような気がしますね。

稲田　そう思います。たとえば、エスビー食品の「ゴールデンカレー」ってありますよね。あれって、１９６６年発売なんで、ジャワの2年前からあるんですよ。で、ジャワ登場以降も独自路線を行ってはいるんですけど、実は若干ジャワ化してるんです。

トミヤマ　ジャワ化（笑）。

稲田　ゴールデンカレーは10年ぐらい前にわりと大きく変わったなという瞬間がありました。僕は

あのとき「あ、これはちょっとジャワに寄せたな」と感じたんです。すでに家庭用のカレールウが軒並みジャワ系になっていて、実は「こくまろ」も「プレミアム熟カレー」（江崎グリコ）も全部そうなんですよ。もはやジャワ以前の味ではないというか。だからゴールデンカレーも、より現代におけるスタンダード、中心軸の方向に少し寄せたのかなと。

トミヤマ　どの企業もジャワを基準にしているということですね。あの、ところで、ジャワ（島）のカレーってカルダモンが強いんですか？

稲田　ジャワは、架空の本場というか、妄想の本場というか。ジャワにあんなカレーないですよ（笑）。

トミヤマ　ははははは！　ないんかい！

稲田　単にちょっと南国っぽくて、リゾートっぽいイメージ、ってだけ。現地の味をとことん追求するというよりは、みんなが漠然と抱いている「本格感」とか「大人の味」のイメージをジャワという言葉に託して、商品開発したんでしょう。僕は社内に天才的な開発者がいて、まったく新しい味をゼロから作り出した可能性すらあると思ってます。

トミヤマ　海外からそのまま持ってきたわけじゃないのに、消費者は本場の味を食べた気になっている。言うなれば「そういうネオリ方をした」っていうことですね。たとえばスパゲティは、日本の食材であるたらこを入れてネオらせたりするんですけど、カレーはそういう方法を採らないのがおもしろいです。和洋折衷じゃなくて、カレーにとっての「架空の国」や「架空の現地感」みたいなものを大事にして作っている。

稲田　ひとつ言っておくと、ジャワカレーのネーミングの元になっているのは、「ロイヤルホスト」の「ビーフジャワカレー」なんじゃないかと思っていて。昭和40年代に誕生しているので、ジャワカレーより先輩なんですよ。

トミヤマ　ジャワの元ネタはロイホですか！

稲田　そうなんじゃないかなって。ただ、ロイホのビーフジャワカレーにジャワカレーっぽい味があるかって言うと、全然ないんですよね。ロイホのビーフジャワカレーっていうのは、あの当時としては、ちょっと高級な大人のカレーのイメージだったので、そのイメージだけをネーミングに活かしたのかなあ。

トミヤマ　じゃあ、カルダモンの風味が強いとかもないわけですね。

稲田　そういう要素はないですね。ただ、当時としてはかなり辛い部類だったはずなので、ジャワカレーも辛さを意識して、大人のイメージ、本格派のイメージを打ち出したっていうのはあるかなと思います。

「エチオピア」＝「ハザマのカレー」

トミヤマ　わたしは神保町にある「エチオピア」のカレーが好きなんですが、あれはどんな系譜にあるんですか？

稲田　僕は「ハザマのカレー」と呼んでいます。昔ながらの黄色くてドロッとしたカレーとかホテルレストランの欧風カレーみたいなものが、クラシックとしてあるじゃないですか。そこから時代が進んで、２０００年あたりからの現地系カレーとか、スパイスカレーとか、あるいは「インネパ（インド・ネパール）」系と言って、日本人の舌に合わせて徹底的に調整されたバターチキンやナンがある。その新旧ふたつの時代のハザマに、カンブリア爆発みたいなカレーがあるんですよ。

トミヤマ　ここでカンブリア爆発の例えが出てくるとは思いませんでした(笑)。

稲田　ハザマの時期にカレーのバリエーションが一気に増えて、個性を競ったんです。エチオピアもそうですし、あるいはひたすら辛さを追い求めた「ボルツ」とか。昔ながらの日本のカレーと現代的なカレーの間に、ハザマのカレーがあるんです。

トミヤマ　独自のネオらせ方をした時期があったんですね。

稲田　はい。たとえばパスタの世界にも、昔ながらのナポリタン、ミートソースの世界と、現代の本格的なイタリアンのパスタの間に、ハザマのスパゲティがありますよね。たらこスパとか、クリームソースが生クリームじゃなくてベシャメルのパスタとか。ガーリック醬油味なんかもそうですね。

トミヤマ　このカンブリア爆発はおそらく日本でしか起こってないですよね。

稲田　それはそうでしょうね。こんなに不思議なことはなかなか起こらないですから。

トミヤマ　ボルツが創業した1974年やエチオピアの88年なら現地の味も伝わっていたはずなのに、なぜ再現でなく、ハザマのものを作ろうとするのか。ネオ日本食ぽさを感じるエピソードです。

稲田　なぜそうなったかというと、いわゆる元祖のカレーたち、つまり洋食屋さんの欧風カレーとか固形ルウで作るお家カレーとかが強すぎたんですよ。これらの完成度が高すぎたせいで、「日本人にとってのカレー」みたいなものから大きく離れることはできなかったのでしょう。

トミヤマ　でも「エチオピア」と名乗っていますよね。あの国の料理を参照したのでは？

稲田　想像した可能性はありますよね。でも、あのカレーと国名に直接の関係はないです。ジャワカレーに「ジャワ」ってついてるのと同じぐらい関係ない(笑)。

トミヤマ　エチオピアって、国のエチオピアとは関係なかったんだ……。

稲田　たしかにエチオピアには辛いシチューみたいな煮込み料理「ドロワット」があるので、お肉の入った非常に辛い何かをご飯にかける文化がある、みたいなところまでは把握していた可能性がありますけど、あとは想像の産物でしょうね。

トミヤマ　独自のネオり方こそすれど、日本の食材を使った雑な和洋折衷はやらないのがすごいな

と感じます。もしそういうものが作れたとしても、きっとイロモノ扱いで短命に終わっちゃうから、そういうんじゃダメなんですよね。やっぱりカレーにはイデアみたいな……。

稲田　共同幻想やイデアみたいなものがありますよね。

トミヤマ　そうですよね。で、イデアを意識しながら作れば、仮にそれが現地の味とは違ってもOKになる。

稲田　そうだと思います。

カレーとカリー

稲田　ハザマのカレー屋さんのメニューにはよく「インド式カレー」があるんですよ。2種類のカレーを置いていて、「インド式」と「英国式」に分かれていたりするんです。でも、このインド式っていうのは、インドとあまり関係ないんですよ。英国式と比べた場合、若干サラサラしてるとか、辛味が強いとか、その程度のもので。現地の味を参照した結果そうなった、というよりは、「辛くてサラサラしてるのが本場っぽいんでしょ?」みたいな。

トミヤマ　なんとなくの共通認識ですね。

稲田　ええ。ただ、「インドカレーってそういうものでしょ?」っていう日本人の共通認識が完全なる妄想かと言うと、実はそうでもないんです。なぜならば、その共通認識を作るのに貢献した「ナイルレストラン」とか「デリー」とか「アジャンタ」とかって、ちゃんとインドと繋がったメニューを出してるんで。彼らがやったことは、のちにエリックサウスがやることと同じで、言うなればピックアップ。日本人にウケそうな要素をピックアップしたんです。ネオらせの担い手たちは、そういうものを食べて「本格的なカレーっていうのは、こういうものなのかもねえ」みたいなことを想像するわけです。

トミヤマ　たしかにそれは完全なる妄想ではないですね。理に適った想像というか。

稲田　デリーのカシミールカレーを食べて「本格的っていうのは、黒くてサラサラしてすげえ辛いことなのか!」と思って、間接的にインドの要素を取り入れ昇華させたらハザマのカレーになった、みたいなことがあったんだと思います。

トミヤマ　想像力ってネオ日本食にとって、なくてはならないものだと痛感しますね。

稲田　あと、おもしろいのは、ハザマのひとたちって「カレー」じゃなくて「カリー」って言いたがるんですよ。ポークカリー、ビーフカリー。

トミヤマ　なんで「レー」じゃなくて「リー」なんだろう……。

稲田　なぜかって言うと、昔からの、元祖のカレーは「カレー」じゃないですか。本当はもっと昔に遡ると、カレーとカリーが混在してたりするんですけど、とりあえず「カレー」で全国統一が成し遂げられたと。で、一回「カレー」ということになったら、ハザマのひとたちは「俺たちのはそれとは違うんだ」と主張しなきゃいけない。そのときに「カリー」っていう言葉が大変便利だったわけです。

トミヤマ　なるほど。古き良きカレーとは違うということを、表記の上でもわからせたかったんですね。

稲田　その通りです。それでハザマのひとたちが「カリー」って言うでしょ？　そうすると、その後に出てきたいまのジェネレーションは「カリー」とは表記しないんですよ。

トミヤマ　「リー」って言っちゃうと、ハザマ感が出ちゃうからですね。

稲田　そうです。イデアとしてのインドじゃなくて、リアルなインドを参照している後発世代は、自分たちが出すものを本場からかけ離れた自称インドカレーと一緒にしてもらっては困ると思っているから、カリーとは言わない。

トミヤマ　ということは、ハザマのカレーが好きなひとは、表記が「リー」になっているかどうかをチェックすれば、かなりの確率でハザマカレーにありつけるんじゃないですか？　ここのお店、メニューに「リー」って書いてあるな、ハザマだなこれは、みたいな。

稲田　可能性はあると思います。

日本のカレーのふるさと

トミヤマ　ナイルレストランやアジャンタなど、インドと繋がっている店がすでにありながら、ネオ日本食らしいハザマのカレーもまた存在しているというのは、考えてみるとおもしろいです。

稲田　ナイルレストランやアジャンタのカレーがどういうカレーかと言うと、インドのお金持ちの家のカレーを日本人のために再現したものです。「新宿中村屋」のカレーもそうですね。1927年に発売された「中村屋純印度式カリー」が日本最古のインドカレーということになるんですけど、あれもお金持ちの家のカレーと言っていい。

トミヤマ　お金持ちの家のカレー！　カレーと階級の関係については考えたことがなかったです！

稲田　中村屋のカレーを考案したラス・ビハリ・ボースは、亡命したりして大変な人生を送った革命家ですが、もともとは富豪中の富豪みたいなひとです。

トミヤマ　中村屋のカレーは高級感があるなとは思っていましたけど、ほんとにお金持ちの家のカレーだったとは。

稲田　そうなんですけど、彼のカレーはあくまで「家庭の味」です。インドでは、レストランの料理と家庭の料理はまったく違うものなんですよ。インドでは外食産業の誕生が近代になってからだったので、そこには欧米のレストラン的な要素も加わって、新たな料理体系が誕生した。ハザマのひとたちが参照したのは「家庭の味」のほうでしょう。

トミヤマ　インドのお金持ちが食べていたカレーが日本にそのまま根づいたら、高級料理扱いされ続ける可能性もあったんじゃないかと思うんですが、実際は安価でおいしくて、めちゃくちゃ庶民的なカレーがメジャーになりましたよね。

稲田　中村屋のチキンカレーっていうのは、もともと超高級品です。町の洋食屋のカレーが10銭から12銭程度だった時代に、中村屋の純印度式カリーは80銭だったっていうんですから。

トミヤマ　およそ8倍。超ご馳走ですね。

稲田　超ご馳走ですよ。それが長い年月をかけて、当時よりはもう少し庶民的なところに落ち着いたわけです。多分、特別なものではあり続けたんだけど、その特別さがそれほどでもなくなった、みたいなところでなんとなく落ち着いたのかなあと。

トミヤマ　「きょうはカレーだ！」と思うとうれしくなる気持ちは、日本人の中にずっとありますもんね。カレーの特別感はいまだ健在と言っていい。ちなみに、カレー自体はそれ以前、明治には日本に伝わっていますよね。

稲田　ルートはいくつかあるんですけど、一番の太い柱は、イギリスの家庭料理です。イギリスの中流階級の料理ではあるんですけど、「中流」って言っても全然上なんですよ。貴族階級とそんなに変わらないっていう。だからまあこれもイギリスのお金持ちの家の……。

トミヤマ　インドと同じパターンだ！

稲田　英国ヴィクトリア朝の家政書のベストセラー『ビートン夫人の家政読本』には、小麦粉を使ったとろみのあるカレーのレシピも載っています。使用人への指示の出し方とか管理の仕方とかも書かれてはいて、いま思う中流じゃないですけど、カレーも家庭料理ではあったんだと思います。もちろんホテルレストランのカレーもあります。いま言ったような家庭のカレーを、イギリスにあるフランス料理店のシェフがちゃんとプロっぽく作る、みたいな世界もあるんです。

トミヤマ　フランス料理店でイギリスのカレーを。なんか複雑。それが海を渡って日本にやってくるんですもんね。おもしろいなあ。

稲田　豪華客船のレストランを経由して日本に来たりしていますね。

スパイスカレーの時代へ

トミヤマ　そして、現在の状況に目を向けてみると、華やかな盛り付けのスパイスカレーが非常に人気です。

稲田　スパイスカレーの特徴として、派手なプレゼンテーションっていうのがありますよね。ご飯があって、カレーが何種類もあって。キャロットラペとか紫キャベツのピクルスとかスパイスゆで卵みたいなものが、いろいろと一皿に派手に盛り付けられている。カフェ飯、インスタ映え、みたいな文化と密接に結びついています。

トミヤマ　スパイスカレーと言われてぱっと思い浮かぶのは、そういうビジュアルですね。架空の国を想像したネオ日本食カレーとも違うし、現地のひとたちによってもたらされた本格的なカレー

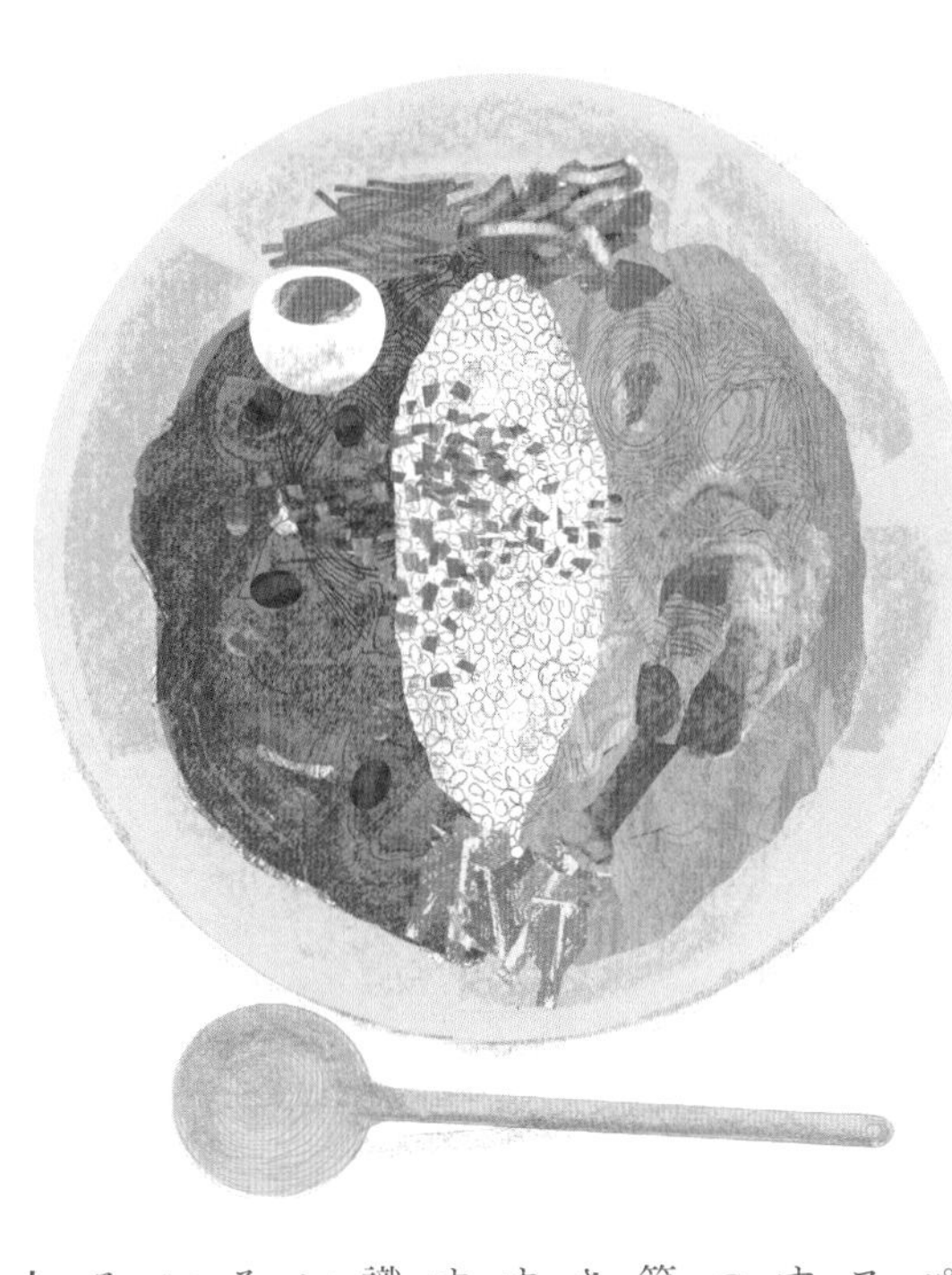

とも違う感じがします。

稲田　こうした派手なスパイスカレーにも、もちろんいくつかのルーツがあります。そのひとつが、パレットのように一皿にカレーなどを盛り付けるスリランカカレーです。九州では30年以上前にはすでにそういうお店があり、それが全国に少しずつ飛び火しました。スパイスカレーの第1世代、第2世代と言われるお店は、そこにインスパイアされたところも大きかったのではないかと思います。ところが、そのあと2010年代以降に登場する第3世代以降は、本場のカレーをそこまで意識していない気がするんです。つまり、本場のカレーから最初のスパイスカレーは生まれたけど、その後は本場がどうこうよりむしろ、スパイスカレーからまた新しいスパイスカレーが生まれている。

トミヤマ　本場の味を参照しない方向に行ったんですね。わくわくするなぁ。

稲田　音楽で言うと、「その昔、フリッパーズ・

ギターがイギリスの音楽をそのまま日本に持ってきて自分たちの手で再現しました。しかし、フリッパーズ・ギターのフォロワーは、イギリスの音楽をあまり意識せず、フリッパーズ・ギターの楽曲に強くインスパイアされて再生産しました」みたいなことですね。第2世代、第3世代と進むにつれ、オリジナル部分の濃度が低くなっていく。それと同じようなことが起こった印象があります。

トミヤマ　それって、もはや現地をお手本にする必要はないと思ってのことなんですかね？

稲田　現地を軽視しているというよりは、スパイスカレー第1世代に影響を受けたんだから、そこを出発点にするのは当然でしょう、みたいな感覚だと思いますね。

トミヤマ　……ってことは、より大胆にネオる可能性があるってことですよね？

稲田　そうですそうです。

トミヤマ　さっきカレーのイデアとか架空の国とかいろいろ言いましたけど、そういうのを気にしなくてもいいってことですもんね。スパイスカレーに和のお出汁を使っているものがありますが、あのように発展するのも納得です！

稲田　スパイスカレーって、関西発の文化じゃないですか。彼らは東京のひとたちと比べると、お客さんを喜ばせよう、ビックリさせよう、みたいな欲が強いと思います。本来だったら絶対カレーには使わない、少なくともインド人が思いつきもしないようなものをどんどんカレーに使っていくっていうことも、彼ら的にはアリです。だから出汁カレーはあっという間に広がりました。あとは塩辛だったり、韓国系の食材だったり、「え、それ使わないでしょ？」っていうものをいかに大胆に入れ込むかが、ひとつの目標になっている。基本的なスピリットが「ひとのやらないことをしよう」なんですよ。

トミヤマ　スパイスカレーはより自由なネオらせ方ができるんですね。

稲田　自由ではあるんですけど、難しいところもあるんです。なぜなら、第1、第2世代のあたりで、スパイスカレーのプレゼンテーションについては、ある種の定型ができてしまったわけですよ。カレーを何種類か用意して、キャロットラペと紫色のマリネをのせて、あとなんらかの形で卵も入れて、そしてカスリメティを絶対に振りかけるべし、みたいな。もちろん定型化したからこそ、「スパイスカレー」というラベルが貼れるようになって、全国に広まっていったんですけど、もともとのスピリットが「ひとのやらないことをしよう」だから、定型化とそのスピリットが離反しているんですね。そこは彼らもすごく悩むというか、いままさにいろいろ考えてるところなんじゃないかなと。

トミヤマ　守らなくてはならないルールはあるが、新しいこととかおもしろいこともしたい。これを両立させるのはたしかに大変ですね。

稲田　二律背反がつねに見えるような気がしてしまいますね。

カレーとラーメンの中心と周縁

稲田　現地には、日本人の感覚としてはカレーだと判断できないものがほんとはいっぱいあるんですよ。カレーではないけどなんかおいしいスパイス料理っていうのがあるんです。でも、スパイスカレーっていうのは、すごく新しくて冒険的なことに挑戦していたとしても、「日本人が考えるカレー」っていう枠を絶対に越えないよう、ものすごく慎重に作られています。

トミヤマ　自由そうに見えるけど、枠はあるんですね。やはりカレーのイデアは無視し切れないんですかね。

稲田　イデアっていうより、日本人たる己に染みついたカレー観ですかね……。

トミヤマ　スパイスカレーを作っていても、遠くから欧風カレーの呼び声みたいなのが聞こえるんでしょうか。そこが起点だってことを忘れるなよっていう(笑)。

稲田　そうそう。ここまではカレー、ここから先は違う、みたいなギリギリのラインを見極めて、どうにかカレーの側にとどまろうとしてる感じなんですよね。

トミヤマ　ある意味すごく律儀ですね。

稲田　ラーメンの世界もちょっとそういうところがあるんですよね。ラーメンも新しい流派がどんどん出てきてますけど、「ラーメンらしさ」みたいなものは、絶対に守る。それが暗黙の了解です。

トミヤマ　ラーメンも歴史的に見ればめちゃくちゃネオってますけど、ちゃんと「ラーメンらしさ」は保たれていますね。

稲田　そうなんですよ。カレーとラーメンはそこがすごく似てるんですけど、ネオり方の違いが僕はすごくおもしろいと思ってます。ラーメンって、「この一線を越えたらもうトマトラーメンじゃない、トマトパスタになっちゃうよ」みたいなラーメン界の周縁ギリギリを攻めているときでも、中心にはつねに「中華そば」という、醤油味で、澄んでて、ナルトものってて、みたいな、言わば「象徴としてのラーメン」があって、そこととつねに繋がっていることでラーメンという世界を形成している感じなんですね。で、カレーも最先端の料理人が周縁ギリギリを目指すのは同じなんですけど、中心にある「カレーライス」からは切れようとするんですよ。つまり中心が空洞化したドーナツみたいな世界になっているんですよ。スパイスカレーに顕著ですが、絶対に小麦粉でとろみはつけません、福神漬けはのせません、カツカレーは出しません、みたいなスタンス。カレーライスという中心から切れようとするなら、そこじゃないですか。中心と繋がるか、なるべく関係を切ろうとするかが、ラーメンとカレーの違いだなと思います。

トミヤマ　よりネオらせようとして、中心から周縁に向かっていく動きは似てるんだけど、中心をどう扱うかが違うと。ラーメンはあくまで中心をちゃんと意識した上でネオらせるけど、カレーの場合は、あえて中心を見ないというか、いったんなかったことにする。

稲田　そうですね。そんなスパイスカレー事情があった上で、はじめのほうでも言ったように、どれだけスパイスカレーが人気でも、根本的なところではみんなこくまろ的なものが好き、っていう現実もある。欧風カレー、お家カレーの強さは揺るがない気がしますね。

トミヤマ　でも、新しいカレーが注目されるようになると、古いカレーはちょっとかすむというか、放っておかれるような感じもありますよね。

稲田　いまさら誰ももてはやしたりしないという意味では、少し不遇ですが、実は僕、そういうカレーがいま確実に復権しつつあると思っていて。

トミヤマ　おお！

稲田　懐古的なのか発展的なのかはわかりませんけど、中心にちょっと戻ってみよう、みたいな流れを強く感じます。反動みたいなものですね。

トミヤマ　反動ですか。

稲田　はい。たとえば高円寺の「大江カレー」って、２０１９年に開店した比較的新しいお店なんですけど、カレーそのものはスパイスカレー的でもありながら、ライスとカレーだけのシンプルな構成で、他になんの飾りもないんですよ。

トミヤマ　いますぐググります！　……ほんとだ、めっちゃシンプル。

稲田　白いごはんがそのままドンッ！って出てくるんですけど、異常においしそうに見える（笑）。なんか、派手なプレゼンテーションのカレーもおいしそうだと思うんですけど、それに見慣れて日常のものになってくるとですね、今度は大江カレーのようなシンプルさにものすごい吸引力を感じるわけですよ。

トミヤマ　カレーのトレンドを一周したら、シンプルなのもいいじゃんと思えるようになったんでしょうね。

稲田　そうそう。何よりも食欲を掻き立てられる感覚があります。あと、出版の世界で言うと、雑誌とかレシピ本とかで、カレーを作って盛り付けたりするじゃないですか。最近は、自分もカメラマンも編集もスタイリストもみんなシンプルにしようとするんですよ。3、4年前まで「いろいろトッピングしましょうか」とか「他に副菜も一緒に盛り付けましょうか」って言ってたのに、誰からともなくそれをしなくなって、いまや「トッピングどうします？　乗せてもいいけど、ナシでもいけますよこれ」「じゃあナシにしましょう」みたいな感じ。これも反動なのかなと思いますね。

トミヤマ　あの、このあいだ本屋さんに行ったら、『幸福の黄色いカレーを食べられるお店』（八重洲出版、2023年）という本を見つけたんですが、あれも……。

稲田　はいはいはい。そういうことですよ。

トミヤマ　きょうの話は2000年ぐらいからはじまりましたけど、現在ではひたすら新しいものを目指すのではなく、古風なカレーに戻ろうとする動きがあると？

稲田　だと思いますね。日本人の心の奥底にはやっぱりシンプルなカレーライスがある。「ご飯があって、カレーがあって」という光景は、みんなの心の中にあるから、いったんそこに戻ってみようと。でも、イメージとしては、ぐるっと回って元に戻ったというよりは、スパイラル的に進化していった感じですね。

トミヤマ　原点回帰っぽいけど、進化もしていると。

稲田　ええ。だから雑誌の仕事とかで、カレーライス的なシンプルなものを求められるときも、僕自身はインド料理を通過しているから、その経験を活かすことにはなるわけです。スタイルとしてはカレーライスなんだけど、一段レベルが上がったものを求められる。実際、そういうものを欲しているひとがいるっていうのはすごく伝わってきますしね。

稲田さんの願い

トミヤマ　これまで日本とカレーの歴史について伺ってきましたが、今後どう発展していくと思いますか？

稲田　すみません、ここからは完全に私利私欲というか(笑)。

トミヤマ　いいんですいいんです。聞きたいです。

稲田　与太話だと思ってほしいんですが、僕が考えるカレー最大の欠点って、あっという間にご飯の時間が終わってしまうということなんですよ。カレーって、下手したら5分でお腹いっぱいになってしまうじゃないですか。あれはカレーの長所であると同時に、最大の欠点だと思っています。やっぱり、楽しいご飯の時間はなるべく長く引き伸ばしたいじゃないですか。

トミヤマ　わかります。

稲田　そうしたカレーの欠点をなんとかする上で、僕は「カレー屋の蕎麦屋化」みたいなものが起こるといいんじゃないかと思うわけです。

トミヤマ　なんとなく話が見えてきました、カレー屋に行きます、「蕎麦前」ならぬ「カレー前」的なものでダラダラ酒を飲んだりします、で、ある程度満足したら、最後に「じゃあカレー1枚」って、程よいサイズのごくごくシンプルなカレーが出てきて、それをサラーっと手繰って終わる、みたいな。

トミヤマ　ああ、それいいですね！

稲田　いいですよね？　なんか理想的だなと思っていて。もちろんそういう食べ方だけを強いるつもりはないんです。5分で店を出ていくお客さんがいてもいい。でも、すごくお腹を減らしてきて、蕎麦屋で言うと丼ものとお蕎麦を両方注文するように、カレーとビリヤニを頼んで、30分くらいかけて食べるひともいていい。なんか多様なひとがいて、いろんな使い方ができたらいいのになと。で、もうひとつ言うと、カレー前と一緒にお酒を飲みたいところではあるんですが、いまはお酒を飲まないひとも増えてるし、これからもっと増えるだろうから、ノンアルコールでも同じことができるようにしたいんですね。飲むひとも飲まないひとも、急いでるひともそうじゃないひとも、軽く仕上げたいひともお腹いっぱいになりたいひとも、みんながそこに行けばとりあえずなんとかなるようなお店が増えないかなと。

トミヤマ　そこにはどんなカレーを用意するんですか？

稲田　これはもう、どシンプルな、そのお店の売りとなるカレーが一種類だけある、っていう。僕もそうですけど、ついつい何種類か作っちゃって、好みのやつを選んでくださいって言いたくなるのをぐっと堪えて（笑）、あえてひとつかふたつに絞って、そこに勝負をかける。カレーというものを使って、そういうお店ができると嬉しいなあと思ってますね。

トミヤマ　そんなお店があったら絶対に行きたいです。

稲田　いまの日本人は、総じてゆっくりごはんを食べないというか。つねに忙しいので、カレーに限らず、何を食べるにしても食事をゆったり楽しむ世の中になるといいな……。

トミヤマ　つまりこれって、カレー屋のネオ化ですよね？

稲田　カレー屋という文化、もしくは、蕎麦屋という文化のネオ化ですね。

トミヤマ　ちなみにカレーの本場では、ゆっくり食べる文化はあるんですか？

稲田　インドはわりと日本と似てまして、けっこう早飯食いですね。ただ、さっきインドでは外食と家庭料理はまったく違うって言ったじゃないですか。で、外食のほうは基本的にヨーロッパのレストランのスタイルが原型になってるので、基本はゆっくりです。

トミヤマ　それだと蕎麦屋より高級な感じがしますね。ゆっくりは食べられるけど、ちゃんとしすぎているというか。

稲田　そう。いわゆるコース料理ですよね。それは敷居が高いし、日常のものじゃない。じゃあレストラン的な形式じゃなくてゆったりごはんを楽しむにはどうすればいいんだ？って考えたときに、日本には昔から蕎麦屋があるじゃないか！っていう。この文化を利用しない手はないぞって。

トミヤマ　カレーに関しては原理主義者の稲田さんも、そのネオらせは、やりたいんですね！

稲田　はい！

トミヤマ　これはぜひ実現していただきたいです。

（2023年8月26日／構成＝トミヤマユキコ）

稲田俊輔（いなだ・しゅんすけ）

1970年、鹿児島県生まれ。料理人／飲食店プロデューサー／「エリックサウス」総料理長。京都大学卒業後、飲料メーカー勤務を経て、円相フードサービスの設立に参加。居酒屋、和食店、洋食店、フレンチなど様々なジャンルの業態開発やメニュー監修、店舗プロデュースを手掛ける。2011年、東京駅八重洲地下街に南インド料理店「エリックサウス」を開店。南インド料理とミールスブームの火付け役となる。食べ物にまつわるエッセイや小説を執筆する文筆家としての顔も持つ。著書に『人気飲食チェーンの本当のスゴさがわかる本』（扶桑社新書）、『南インド料理店総料理長が教える　だいたい15分！　本格インドカレー』『ミニマル料理』（柴田書店）、『キッチンが呼んでる！』（小学館）、『異国の味』（集英社）、『お客さん物語』（新潮新書）、『おいしいものでできている』『食いしん坊のお悩み相談』（リトルモア）など多数。
X（Twitter）→ @inadashunsuke

コラム

風が吹く店・酔の助

かつて東京都千代田区神保町に「酔の助」という居酒屋があった。店の外には提灯がぶら下がっていて、中に入ると、使い込んだテーブルが出迎えてくれて、壁には手書きの短冊メニューがびっしり貼ってあった。いかにも大衆酒場!という店内は、いつも大勢の客で賑わっていた。老朽化のため2020年に閉店して、建物は跡形もなく壊されてしまったけれど、映画やドラマの撮影によく使われていたから、「行ったことはないけど知ってる!というひとがいるかもしれない(有名どころだと『逃げ恥』こと『逃げるは恥だが役に立つ』のロケ地でした)。

そんな酔の助は、ネオ日本食の店としてもすばらしいポテンシャルを持っていた。あの店には、いつだってネオらせの「風」が吹いていた。「つぶ貝のエスカルゴ風」「若鶏の北京ダック風」「和風ガーリックポテト」(P193に写真。P67もご参照ください)――「風」の文字が入ったメニューがたくさんあったのだ。それらを「いい風吹いてる!」と褒めながら食べるのが、わたしは大好きだった。

そもそも「○○風」という表現はなんなのか。辞書にはこう書いてある。「名詞に付いて、そういう様式である、そういう外見である、その傾向がある、などの意を表す」（『デジタル大辞泉』小学館）……つまり「なんとなくそれっぽい」ということだろう。「〇〇である」と言い切ることはできない。けれど、なんとなくそれっぽいことは間違いない。そんなとき、わたしたちは風を吹かせる。ふんわり、そよそよと、そのムードをみんなに伝えようとする。

料理に風を吹かせるときも、それは同じだ。元ネタとなっている料理のレシピからちょっぴり離れ、料理人がさまざまな工夫を凝らす中で、風は吹く。元ネタを感じさせつつ、ひとひねり加える技術がなければ、いい風を吹かせることはできない。そしてその技術は、元ネタへのリスペクトがあるかどうかで磨かれもすれば鈍りもすると、わたしは思う。あと、当たり前だけど、おいしくないと定番メニューとして定着しない。おもしろくてもいいけど、ただ奇を衒ったのではダメ。そう考えると、酔の助のやっていることって、実はけっこうすごいのだ。

酔の助のネオってるメニューは、編集KさんもMOBY（夫）も大好きだった。好きすぎて3人で酔の助に行き酔の助について語り合ったこともある。

トミヤマ　日本の大衆酒場って、ビールに似せたホッピーを出したり、ウィスキーに似せたホイスを出してきた過去があるよね。本物のお酒が手に入りにくいときに、それっぽいもの＝代替品をすぐに提供するし、客のほうも、「本物とは違うけどうまいからオッケ〜！」ってなる。酔の助の「和風ガーリックポテト」だって何をもって「和風」と名乗っているのか、ぱっと見ではよくわかんないけど、それっぽいし、おいしいから食べちゃう（笑）。

MOBY　これは、上にかかってるかつお節のおかげで和風を名乗れてるんじゃないかな？

トミヤマ　ああ、そうか。そういうことか。この国には、かつお節とかきざみ海苔をかけると和風と名乗れるシステムがあるね。

K　なんか、こういうメニューってお母さんが作りそうですよね（笑）。

トミヤマ　たしかに作りそう。でも、お母さんってその場のノリで作った創作料理を二度と再現できないじゃない？　「こないだの和風ガーリックポテト作ってよ」「いや、あのときと同じ味に仕上げる自信ないわ」みたいな。だけど酒場は、ちゃんと狙ってその味を出せるんだもんね。

MOBY　酒場って、家っぽいけど家じゃない、っていうキワキワのところを攻めてる業態なんだな。もちろん、お店としてちゃんとしてないといけないんだけど、それ

右上のココット皿が「つぶ貝のエスカルゴ風」。左上は名物「ガンダーラ古代岩塩のピザ」

だけじゃなくて、実家っぽいというか、もっと人間味のあるアナログな部分もないと楽しくない。それがいいんだよね。

（トミヤマユキコ「ネオ日本食ノート」第13回、リトルモア・ｎｏｔｅ）

大衆酒場のメニューは、店と家庭の中間にあるとき、うまいことネオり、いい風を吹かせるのかもしれない。中でも酔の助は、おもわずニヤけてしまうような、ユーモラスな風を吹かせる店だった。閉店してしまってもう何年も経つというのに、わたしはいまだに酔の助が恋しい。

ホワイト餃子 野田本店

千葉県野田市中野台278
☎04-7124-2424
［生餃子販売］ 8:00 〜売切れまで
（販売開始前に売切れる場合がございますので、遠方からご来店の際には前日にお電話にて予想売り切れ時刻をお問い合わせください）
［店内ご飲食］ 祝日を除く月・火・木・金17:00 〜 19:00
（臨時休業あり。要電話確認）
水＋年末年始休
・［持ち帰り］ 生餃子2人前（16個） 700円／3人前（24個） 1050円
・焼餃子1人前（8個） 520円
・ビール（中瓶） 550円
・ジュース類 180円
＊お支払いは現金のみ

ぽん多本家

東京都台東区上野3-23-3
☎03-3831-2351
ランチ 11:00 〜 14:00（L.O.13:45）
ディナー 火〜土・祝前日16:30 〜 20:20（L.O.19:45）、
日・祝16:00 〜 20:20（L.O.19:45）
月休（月曜日が祝日の場合は営業し、翌火休。月一不定休あり）
・カツレツ（ロースカツ） 3850円
・ご飯・赤だし・おしんこ 550円
・タンシチュー 6050円

エリックサウスマサラダイナー 神宮前

東京都渋谷区神宮前6-19-17 ＧＥＭＳ神宮前５Ｆ
☎03-5962-7888
ランチ 11:30 〜 15:00（L.O.14:30）
ディナー 17:30 〜 22:00（フードL.O.21:00／ドリンクL.O.21:30）
火休
・ランチミールス 1210円
・マサラダイナーミールス（ディナー・カウンター席限定お一人様用） 1815円

掲載店情報
2024年2月現在の情報です。値段はすべて税込です。

珈琲ワンモア
東京都江戸川区平井5-22-11
☎03-3617-0160
9:30〜16:30(L.O.16:00)　日・月休
・ホットケーキ　650円
・フレンチトースト　650円
・コンビーフエッグトースト　800円
・コーヒー（ブレンド）　500円
＊お支払いは現金のみ

浅煎りコーヒーと自然派ワイン Typica
東京都杉並区西荻南3-18-10
☎070-4072-5629
平日13:00〜20:00／土・日・祝12:00〜19:00
水休(不定休あり。instagram@typica_coffee_wineをご確認ください)
・オードブルのパフェ（取材記事では「栗ときのこのパフェ」を紹介）
2500円〜（ドリンク付／ナチュラルワインは＋300円）
・季節のパフェ（取材記事は「林檎のパフェ－正月ver－」）
2700円〜（ドリンク付／ナチュラルワインは＋300円）
・本日のコーヒー（hot）　680円
・本日のナチュラルワイン(グラス/90ml)　890円
＊メニューは日々、内容・価格が変わります
＊お支払いは現金のみ

スパゲティ ダン
東京都品川区上大崎2-15-5 長者丸ビル1F
☎03-3446-7893
11:30〜L.O.14:30／17:30〜20:30　土・日・祝休
・たらこイクラ大根おろし　1380円
・たらこ　930円
・梅イカ大根おろし　1150円
・梅スペシャル(なっとう大根おろし)　1130円
・おみやげセット(4人分)　たらこスパゲティ（手作りたらこソース、海苔、スパゲティ）
2400円
＊お支払いは現金のみ

おわりに＋おまけのネオ日本食情報

わたしが「ネオ日本食」という概念についてSNSに投稿したのは、2014年2月10日のことでした。

「ホットケーキとかナポリタンとか、もともと海外から入ってきたハズなのにいつの間にか独自の進化を遂げた『ネオ日本食』が好き」

——ここから実に10年の歳月をかけて、本書は完成しました。途中、新型コロナウイルスの影響で取材がストップした時期(2年くらい)がありましたので、それを差し引くとしても、ひとつのテーマを約8年も追いかけてきたことになります。我ながら粘り強いというか、のんびりしているというか……。関係者のみなさんをお待たせして申し訳ないと思うときもありましたが、自分のペースでじっくり取材を重ね、こうして形にできたことを、本当にうれしく思います。

ネオ日本食というまったく新しい概念を提唱して取材を進めるわけですから、最初は何もかもが手探りでした。やる気はあっても情報や人手が足りないという事態にもたびたび見舞われました。しかし、そのたびにすばらしい助っ人が手を差し伸べてくれました。

リトルモアのｎｏｔｅで連載していたとき、「宅配ピザもネオってる。なるべく食べておきたい」と思ったことがありました。ただ、ネオってるピザは相当数あるので、胃袋のキャパ的にわたしと編集Ｋさんだけでは無理でした。そこで、友人で編集者の山元大輔さんとライターの小川知子さんに話をしたら、ふたりともおもしろがって、すぐに駆けつけてくれました。ところが、食べはじめてわりとすぐの段階で、わたしたちは気づいてしまったのです。「めちゃくちゃ攻めてるメニューは期間限定で消え去り、それ以外はテリヤキか明太子ばかりだな」と……。少なくともその当時は、どこの宅配ピザも似たような状況でした。これは記事にしてもあまりおもしろくないかもと思い、企画はボツになりました。山ちゃん、知ちゃん、ごめんなさい。しかも、山ちゃんはその後、糖質オフダイエットを始めて、いまやピザとはかなり縁遠い生活を送っています。いまだったらお願いしても絶対に断られているよなあ。本当にタイミングがよかった。企画自体は空振りだったけど、あのときのふたりのフッ軽ぶりにはいまでもすごく感謝しています。

コラムのコーナーにも書きましたが、わたしは名古屋めしが本当に大好きで、この本のために泊まりがけで取材に行きましたし、個人でも追加取材をしています（ただ食べに行きたかっただけとも言う）。最初の取材では、土屋ダイスケさんに大変お世話になりました。土屋さんは、名古屋にあるジェイルハウスという会社で、音楽イベントの企画を立てたり、アーティストとやりとりしたりするイベンターのお仕事をされています。名古屋にやってきたアーティストが打ち上げで飲食店に行くとなれば、その店を手配するのも仕事のうち。そんな土屋さんは、膨大な飲食店の中から、ネオ日本食のコンセプトに合うところをドンピシャで見繕ってくださいました。あんかけスパゲティは「あんかけスパゲティ ユウゼン」、鉄板スパゲティは「カフェテラス ダッカ」(残念ながら2021年に閉店)、エビフライサンドは「欧味」(欧風の味っていうことでしょ？ ネオい名前だ)……ほかにもたくさん。いずれも、ガイドブックのトップに来るお店じゃないかもしれません。しかし、それがわたしとしては非常にありがたかったのです。土屋さんのお陰で、名古屋めしの王道から脇道に入る方法を最速で学ぶことができました。わたしの作業がトロいせいで、「いつになったら本になるの？」と何度も聞かれましたが(笑)、とうとうできましたよ土屋さん！ その節は本当にお世話になりました！

コラムには古市コータローさんのことも書きました。ｎｏｔｅでの連載時にお話を伺ったのが、そもそものはじまりです。ＭＯＢＹ(夫)から伝え聞くコータローさんの「街場のグルメ」っぷりには、以前から厚い信頼を寄せていました。ですので、ご本人の口から語られる、「ぎょうざの満洲」、「スパゲッティーのパンチョ」のナポリタン、それからコラムでは触れられなかったけど「セブン‐イレブン」のカツ丼などに関する縦横無尽なトークを聞くことができて本当にうれしかったです。書籍化にあたってもぜひご登場いただきたいと考え、あの名言をご紹介しました。何度読んでも、シビれる名言です。

パフェ評論家の斧屋さんについては、「Ｔｙｐｉｃａ」の原稿にも書いた通りですが、以前から知り合いで、ネオ日本食のコンセプトをめちゃくちゃ正確に理解しているため、「パフェに関しては、この先生についていけば大丈夫」という安心感がすごかったです。以前は、「パンケーキとパフェではどっちが偉いのか？」みたいなネタで小競り合いをしていた我々ですが、これからはネオ日本食としてのパフェを通じて、連帯することもあるんじゃないかと思います。古き良きネオ日本食も好きですが、現在進行形で変化を続ける現代パフェのことも好きになれたのは、確実に斧屋さんのおかげです。

フードアクティビストとして、食べ物に関する取材・執筆を精力的に行う松浦達也さんにも、ものすごく助けていただきました。カツについては絶対に取り上げたいけど、どの店がいいのかわからない……。そんなカツ経験値の低いチームネオ日本食に、「ぽん多本家」のことを教えてくださいました。ぽん多は老舗かつ名店ですから、すでに取材記事や映像があちこちにあるのですが、そのどれにも載っていないお話を聞くことができたのは、ご主人の話術のポテンシャルを見抜いていた松浦さんの慧眼があればこそです。フードライター界の大先輩におすがりして本当によかった。心より御礼申し上げます。

最後に、チームネオ日本食のメンバーに感謝したいと思います。まずは夫であるオカモト〝MOBY〞タクヤさん。前作『パンケーキ・ノート』に続いて、わたしの取材にできるかぎり同行し、食いしん坊だが胃弱のわたしに代わってもりもり食べ、たくさんの助言をくれました。唯一無二の相棒です。

そして、カメラマンの小野奈那子さん。いつも好奇心で瞳をきらきらさせながら現場にいてくれるのがありがたかったです。ひとも食べ物もナチュラルに、でも魅力を引き出すように撮ってくれて、本当に感謝しています。車で取材にやってきたせいで「ジィ・ティ・ユー」の後藤社長が作ってくれたホイスが飲めず、心底悔しそうにしていたのが忘れられません(笑)。

デザイナーの岩渕恵子さんは、本書のすべての取材に同行してくださいました。ある程度、雰囲気が摑めたら来なくなるかと思いきや、毎回来てくれるんですよ。なんていいひとなんだ。本書のまとう雰囲気が最初から理想通りで、文句のつけようがなかったのは、ひとえに岩渕さんのデザイン力の高さと付き合いのよさによるものです。また、イラストレーターのワタナベケンイチさんを推薦してくださったのも岩渕さんです。ネオ日本食のユニークでファニーな感じが滲み出ている、ナイスなイラストを載せることができて、大満足です。

そして、編集担当のKさんこと、加藤基さん。『パンケーキ・ノート』からの付き合いですが、今回はひとりパンケーキに狂っているわたしを統御するのではなく、ふたりでネオ日本食の世界に狂えて最高でした。なんなら、わたしよりも足繁く図書館に通い、資料を漁っていたこともありましたからね。ただのインタビュー集ではなく、研究書の性格も付与できたのは、加藤さんのおかげです。

ところで、この本を読み終えたあなたの心には、いま、こんな気持ちが去来しているのではないでしょうか。「あれもネオ日本食なのに載ってないじゃないか！」「あの店にも話を聞くべきでは？」……わかります、わかります。というか、わたし自身が誰よりそれを痛感しています。

この本に載っているのは、ネオ日本食の世界へあなたを誘うための、最初の扉みたいなものです。扉の時点で、すでにこれだけおもしろいのです。そして、その向こうにどんな世界が広がっているかは、ぜひあなた自身の足と舌で確かめてみてほしいのです。もちろん、わたしもこの世界のすべてを踏破したわけではありません。ネオ日本食をめぐる旅は、これからも続きます。というか、むしろこれからの旅路のほうが長いかも。でも、そう思えることが、とてもうれしいのです。

ここで、本書で紹介しきれなかったネオ日本食の数々を思いつくまま挙げてみましょう。

サンドイッチ

サンドイッチ界随一のネオらせ上手と言えば「サンドイッチハウス メルヘン」だと思います。同社は企業理念のところに「『日本人好みの日本人のためのサンドイッチを作ろう』という想いから、毎日食べても飽きないサンドイッチを目指し」と書いてあるだけあって、いつだって堂々とネオってくれます（頼もしいなあ）。店のガラスケースを見るといつも思うんですが、とにかくフルーツサンドが多い。そしてフルーツサンドは日本発祥と言われているんですよね。ケーキ屋かな？と思うくらいフルーツ＆クリームなラインナップを見て、いつも幸せな気持ちになっているわたしです。

このほかにも、個人経営の店などで自由にネオってるサンドイッチやパンが星の数ほどあります。中でも富山県のコンビニ「立山サンダーバード」のサンドイッチはかなりの個性派。

まだネットでしか見ていないんですが、冷やし中華のサンドイッチや富山ブラックラーメンのサンドイッチなんてのがあるらしいんですよ。めちゃくちゃ遠いけど、行かないと後悔しそう。

ロメスパ

ナポリタンもその一族とされる「ロメスパ」も、追いかけ甲斐がありますね。路面スパゲティの略称と言われ、太めの茹で置き麺をたっぷりの油で炒めるあのネオ日本食は、わたしにとってもまだまだ謎だらけ。店舗としては、銀座の「ジャポネ」、大手町の「リトル小岩井」などが有名です。中でもジャポネで一番人気だという「ジャリコ」は、はじめて名前を聞いたとき、どんな料理かまったく想像できなくて、そのネーミングセンスにうち震えました（醤油ベースでシソがさわやかなアクセントになっており美味）。リトル小岩井にも、「ジャポネ」や「イタリアン」など、食べるまでは謎めいているが食べるとうまいメニューがあります。ちなみに、リトル小岩井には、サンドイッチも売っているんですが、こちらもかなりの個性派揃い。以前訪問した際は、和に寄せた「明太サラダスパゲティサンド」「ゴボウサラダサンド」のほか、「ツナキャベツカレーサンド」「ドライカリーサンド」（カレーとカリーの違いはあるのか）など、気になる商品がいっぱいありました。

イタリアン

そういうスパゲティはもう履修済みだよ、ということであれば、新潟のご当地グルメ「イタリアン」などいかがでしょうか。太い中華麺を炒めた上にかかっているのがミートソースやトマトソース、という、かなりクセのあるネオらせを楽しむことができます。ちなみに、ナポリタンと似ているけどちょっと違うスパゲティ（ケチャップ味ではないもの等）をイタリアンと呼ぶ風潮は、いろいろな店で観察できるもので、このやや安易だけれど愛すべきネーミングについても、考えていきたいところです。

冷やし中華・ラーメン

中華麺好きなら、冷やし中華の世界もありますよね。中国には麺を流水で冷やすという発想自体がなかったそうなので、これは完全なるネオ日本食です。取材では、神保町の「揚子江菜館」に行って、トッピングの具材が富士山の四季を表していると聞き、「中華だけど和」というネオさが、味だけじゃなくビジュアルにも及んでいる事実に感銘を受けました。

ラーメンの世界はあまりに広く深いため、本書では思いきって見送ることにしました（ラーメンだけで一冊できてしまう）。カレーでもあれだけ複雑な歴史と文化があり、稲田俊輔さんに解説してもらわねば迷子になっていたのですから、ラーメンならなおさらです。個人的には、学生時代から食べている早稲田「メルシー」のザ・町中華な醤油ラーメンについては、作っている人に話を聞いてみたい。また、「天下一品」のもはや何ラーメンでもない、「天一」と呼ぶしかないものを、みんなふつうに受け入れている状況が大好きなのですが、あのふたつが同じラーメンなのって、よく考えたらすごいですよね。振れ幅どんだけ。

〇〇ライス

麺が続きましたが、米の世界も見逃せません。長崎のトルコライス、金沢のハントンライス、福井のボルガライス、などの「〇〇ライス」系ってあるじゃないですか。肉ｏｒ魚のフライとごはんが卵を媒介にしつつ、いい感じにドッキングしているやつです。根室のエスカロップもこの一族ですね。いずれも首都圏から離れた場所でネオっているのが共通項。また、これらの親戚的な位置に、佐賀のシシリアンライスや沖縄のタコライスなどがあると思われます。いずれもトマトやレタスをごはんと組み合わせるというサラダ寄りの解釈をしながらも、どこかジャンクでもりもり食べられる丼物としての性格も残しており、興味深いです。

ドリア

ナポリタンと同じく、横浜の「ホテルニューグランド」で考案されたというドリアも、米のネオ日本食ですね。必ずコンビニに置いてある印象があって、ドリアのことはいつも傍にいてくれるいいやつ（料理）だなと思っています。かつて取材として各コンビニの店頭に並んでいたドリアを手当たり次第食べ、さらに「サイゼリヤ」のドリアも全種類食べたんですが、チェーン店のドリアって、すごくがんばっていると思うんですよ。とくにサイゼリヤのミラノ風ドリアが、あの価格にしてあのクオリティなのは、どうかしていると言わざるを得ません。うますぎるよ……。

餃子

チェーン店のがんばり、ということで言えば、やはり餃子です。本書では「ホワイト餃子」を紹介しましたが、「餃子の王将」、「ぎょうざの満洲」といった大手チェーン店の餃子もおいしいですよね。基本的なマニュアルは全店共通だと思うんですが、店によって微妙に味の違いがあるのが、ずっと気になっています。店の裁量は、どこまで認められているんだろう。マニュアルとの格闘には、ネオらせの契機が潜んでいる気がしてなりません。そして、ぎょうざの満洲に関しては、同社が経営している老神温泉「東明館」にいつの日か宿泊して、源泉掛け流しの温泉から出たあと、館内にあるぎょうざの満洲で餃子＋ビールをキメるのが夢です。

……と、まあ、いったん考えだしてしまうと、芋づる式に出てきて、枚挙にいとまがないわけですね、ネオ日本食というのは。まだショートケーキやたぬきケーキの話をしていないし、ホッピーやバイスの話もしてないよ!!　これらすべての食べ物&飲み物のうしろに、それを作ったひとがいるんですよね。お話、聞いてみたいなあ。きっとおもしろいだろうなあ。そんな予感に浸りながら、ひとまず、身近な味を食べられるところから食べていく。それが、ネオ日本食との付き合い方というものなのだろうと思います。

参考文献

本書を執筆するにあたっては、下記の書籍を参考にしました(単行本/文庫版等、複数のバージョンがある場合は、入手しやすいほうを記載しました)。

阿古真理『「和食」って何?』ちくまプリマー新書、2015年
ケン・アルバーラ 著、関根光宏 訳『パンケーキの歴史物語』原書房、2013年
稲田俊輔『人気飲食チェーンの本当のスゴさがわかる本』扶桑社新書、2019年
岩間一弘 編著『中国料理と近現代日本 食と嗜好の文化交流史』慶應義塾大学出版会、2019年
斧屋『東京パフェ学』文化出版局、2015年
雁屋哲(原作)、花咲アキラ(作画)『美味しんぼ』1〜111巻、小学館、1984〜2014年
姜尚美『京都の中華』幻冬舎文庫、2016年
北尾トロ、下関マグロ、竜超(町中華探検隊)『町中華とはなんだ 昭和の味を食べに行こう』角川文庫、2018年
近代食文化研究会『なぜアジはフライでとんかつはカツか カツレツ/とんかつ、フライ、コロッケ　揚げ物洋食の近代史』2022年(Kindle)
久住昌之(原作)、谷口ジロー(作画)『孤独のグルメ1』『同2』扶桑社文庫、2020年
近藤浩一路『異国膝栗毛 近藤浩一路集』現代ユウモア全集刊行会、1928年
塩沢槙『東京ノスタルジック喫茶店』河出書房新社、2009年
澁川祐子『オムライスの秘密 メロンパンの謎　人気メニュー誕生ものがたり』新潮文庫、2017年
主婦之友社編輯局 編『お菓子の作り方百卅種』主婦之友社、1928年
杉村啓『グルメ漫画50年史』星海社新書、2017年
全日本冷し中華愛好会、山下洋輔・筒井康隆他 編著『空飛ぶ冷し中華』住宅新報社、1977年
富田佐奈栄『パフェの教本』旭屋出版、2020年
原田信男『和食と日本文化 日本料理の社会史』小学館、2005年
平松洋子、姜尚美『遺したい味 わたしの東京、わたしの京都』淡交社、2021年
平松洋子、谷口ジロー(画)『サンドウィッチは銀座で』文春文庫、2013年
古川緑波『ロッパの悲食記』ちくま文庫、1995年
ラス・ビハリ・ボース、相馬安雄、相馬黒光『アジアのめざめ　ラス・ビハリ・ボース伝』書肆心水、2011年
宮沢章夫、NHK「ニッポン戦後サブカルチャー史」制作班 編著『NHK ニッポン戦後サブカルチャー史』NHK出版、2014年
『西洋料理法』東洋印刷、1909年
『特別展「和食 〜日本の自然、人々の知恵〜」公式ガイドブック』朝日新聞社、2023年

これらに加え、数多くの雑誌やウェブサイトを参照しました。

本書は書き下ろしです。

なお、リトルモアのｎｏｔｅ（https://note.com/littlemore/）での連載「ネオ日本食ノート」（トミヤマユキコ）から、多くの着想を得ました。

トミヤマユキコ　ライター・マンガ研究者

1979年、秋田県生まれ。早稲田大学法学部卒業後、早稲田大学大学院文学研究科に進み、少女マンガにおける女性労働表象の研究で博士号（文学）取得。現在、東北芸術工科大学芸術学部准教授。ライターとして、日本の文学、マンガ、フードカルチャーについて書く一方、大学教員として、少女マンガ研究を中心としたサブカルチャー関連講義を担当している。2021年から手塚治虫文化賞選考委員。24年からNHK高校講座「家庭総合」（NHK Eテレ）でMC。主な著作に『パンケーキ・ノート おいしいパンケーキ案内100』（リトルモア）、『40歳までにオシャレになりたい！』（扶桑社）、『夫婦ってなんだ？』（筑摩書房）、『少女マンガのブサイク女子考』（左右社）、『10代の悩みに効くマンガ、あります！』（岩波ジュニア新書）、『女子マンガに答えがある「らしさ」をはみ出すヒロインたち』（中央公論新社）、『労働系女子マンガ論！』（タバブックス）、『文庫版 大学1年生の歩き方』（清田隆之との共著、集英社文庫）などがある。

ネオ日本食

2024年3月31日　初版第1刷発行

著者　トミヤマユキコ
写真　小野奈那子、トミヤマユキコ（P109、112、192、193）
イラスト　ワタナベケンイチ
デザイン　岩渕恵子（iwabuchidesign）
編集　加藤 基

発行者　孫 家邦
発行所　株式会社リトルモア
〒151-0051 東京都渋谷区千駄ヶ谷3-56-6
TEL 03-3401-1042　FAX 03-3401-1052
info@littlemore.co.jp　https://littlemore.co.jp
印刷・製本　株式会社シナノパブリッシングプレス

「ホイスの真実」（P106～107）の初出時の関係者と連絡がとれませんでした。
お心当たりの方はリトルモアまでお知らせください。

Printed in Japan　ISBN 978-4-89815-584-4 C0095